100년 기업을 만드는
승계의 정석

100년 기업을 만드는
승계의 정석

초 판 1쇄 2022년 04월 29일

지은이 문규선
펴낸이 류종렬

펴낸곳 미다스북스
총괄실장 명상완
책임편집 이다경
책임진행 김가영, 신은서, 임종익, 박유진

등록 2001년 3월 21일 제2001-000040호
주소 서울시 마포구 양화로 133 서교타워 711호
전화 02) 322-7802~3
팩스 02) 6007-1845
블로그 http://blog.naver.com/midasbooks
전자주소 midasbooks@hanmail.net
페이스북 https://www.facebook.com/midasbooks425

© 문규선, 미다스북스 2022, *Printed in Korea*.

ISBN 979-11-6910-017-5 03320

값 **25,000원**

SUCCESSION

100년 기업을 만드는
승계의 정석

문규선 지음

PRINCIPLE

― K에게 ―

미다스북스

아름다운 승계를 향한

길을 걷는

————— 님께

이 책을 드립니다.

기업 경영에서 이루어진

성공을 지속하고 더더욱 번영시키는

핵심은 승계계획이다.

승계는
어느 날 갑자기 치르는
이벤트가 아니고,

오랜 시간을 갖고 계획하고
실행하면서 계획을 수정,
보완해나가는

엄숙한 절차(not event but process)이다.

후계자는 승계의 길에 서서
자신에게 물어야 한다.

나는 누구이며 무엇을 열망하는가?
나는 사람들에게서 어떻게 최선을 이끌어내는가?
나는 건강한 자기애를 가졌는가?

기업이 가족을 위해 일하는 것이 아니라
가족이 기업을 위해 일해야 한다.

기업이 가족을 위해 일하는 순간,
가족과 기업 둘 다 살아남지 못한다.

- 피터 드러커 -

승계는 미래와 과거가 공존하는 땅이다

이제 승계는 낯설지 않은 이슈가 되었다. 크고 작은 기업에서 일어나는 기업의 승계 이야기가 잊을 만하면 인구에 회자되어 관심을 갖게 한다. 작은 것이라도 입에 오르내리기를 좋아하는 사람들은 승계를 부의 대물림이라는 부정적 인식으로 국민 경제에 기여하고 일자리를 유지하는 긍정적 성과를 가려보려고 한다. 최근 승계제도 개선에 관련된 위원회에서도 "기업승계를 부의 대물림 관점으로 보기보다는 기업을 승계해 확대 발전시킴으로써 고용을 창출하고 국가경제 발전에 공헌한다는 관점으로 이해해야 하며, 기업승계에 대한 인식 및 제도 개선을 위해 노력하겠다."라고 밝히기도 하였다.

지난해 말 「중소기업 승계에 관한 연구 보고서」에서도 "우리나라 중소기업 10개 중 3개는 10년 이내에 승계가 필요한데, 가업상속공제 요건을 충족한 기업은 27%에 불과한 상황으로 기업승계 지원 세제는 중소기업 지속 성장의 걸림돌을 제거해주는 규제개혁 차원에서 전향적으로 개선 해 나가야 한다"고 세제를 중심으로 개선 방향을 제시하고 있다.

그러나 승계는 단지 세제의 지원만으로 완성되는 것은 아니다. 창업을 이룬 기업가정신, 후계자의 경영 역량과 리더십 등 숫자에 가려진 승계 요소에도 프레임을 제시하여야 한다. 그래서 정의와 이득 사이의 최중이 라는 길에서 선택을 마련하여 아름다운 승계가 되어야 하겠다. 40여 년 간 가꾸어온 중소기업의 승계를 위해 한걸음 한걸음씩 나아가서 이제는 중견기업으로 발돋움하고 있는 건실한 기업의 후계자를 만났다.

기업을 승계하는 과정에서 가장 어려운 것은 무엇인가요?

"아무래도 현실적으로는 관련 세제의 걸림돌입니다. 중소기업의 가업 승계 관련된 세제는 가업상속공제, 증여세 과세특례인데, 이에 대한 공 제 수준과 사후관리 요건이 까다롭습니다. 가업유지 요건인 업종제한, 가업상속공제 최대주주 지분율, 고용의무, 자산처분 제한 요건과 일률적 인 가업상속공제 금액 등은 저와 같은 후계자들에게 어려움이 있다는 것 은 상식이 되어 있습니다."

많은 후계자분들이 승계 과정에서 '세제'에 관한 어려움을 토로하고는 있는데, 세금의 문제 다음으로 어려운 문제가 있다면 무엇이라고 생각하나요?

"창업자의 '열정'을 배우는 일이라고 생각합니다. '나의 것, 나의 일'이라고 생각하더라도 창업자의 '열정'을 따라가기엔 너무 벅찹니다. 아버지께서 자주 하시는 말씀이 '주인의 마음으로 생각하고 직원들의 말을 경청하고 사물을 보아라.'입니다. 이처럼 평생을 회사를 위해 일생을 보내오신 창업자의 열정을 배우기엔 아직 모자란 저를 발견하고, 부족하다고 느끼는 적이 한두 번이 아닙니다."

지금까지 승계과정에서 가장 성취감을 가졌던 것은 무엇인가요?

"아직도 완벽하지 않은 회사의 시스템을 보완해가며 회사의 방향과 운영에 저의 영향력이 스며들어 결실을 맺을 때입니다. 미진하지만 회사의 브랜드 이미지 구축을 위하여 공중파 광고를 시작한 것이나 새로운 개념의 친환경 신제품을 기획하고 출시하여 고객을 만나는 일들은 많은 성취감을 갖게 합니다. 아버지가 긴 시간 일궈온 회사라는 큰 바위 한구석에 제 이름을 새겨 넣는 것 같습니다."

가업승계의 성공적인 모습을 그려본다면 어떠한 모습일까요?

"우리나라의 기업 중에도 100년을 이어온 기업이 있지만, 외국에는 500년 이상을 이어온 기업들도 많이 있다고 들었습니다. '부자가 3대를 못 간다'는 속담에는 가업을 어떻게 이어야 하는지 비밀이 숨겨져 있는 것 같습니다. 기업가란 의미 있는 담대한 목표를 품고 어려움을 피하지 않고 끊임없이 도전하고 혁신하여 변화를 모색하는 사람이라고 생각합니다. '나보다 더 우리'라는 조직의 가치관을 정립해서 아버지가 평생을 일군 가업을 더욱더 아름다운 기업으로 만들고 싶습니다. 그렇게 되면 수백 년을 이어가는 하나의 생명체 같은 지속적으로 성장하는 기업이 되리라고 확신합니다."

그러한 성공적인 모습을 일구기 위하여 노력해야 할 것은 무엇인가요?

"우선은 중장기적인 회사의 비전을 확립하고 그에 맞는 회사의 시스템을 구축하려고 합니다. 그 과정에는 사람의 육성이 반드시 필요하다고 생각합니다. 좋은 사람이 찾아오고 그 안에서 최선을 다할 수 있는 좋은 기업문화도 만들어가야 할 것입니다. 다가오는 미래의 산업환경에도 예의 주시하며 변화에 관심을 갖고 외부 커뮤니티에도 소홀하지 않으려 합니다. 기업의 지속성은 외부 환경에 대한 변화에 대처하는 것도 중요하지만, 회사 내부의 건강한 관리체계도 중요하다고 생각합니다. 주요 의사결정이 객관적인 판단과 조언으로 이루어지도록 회사의 의사결정 기관에 외부 전문가도 참여할 수 있도록 하는 방안도 고려하고 있습니다. 또한 사회적으로도 선한 기업이 되어 공동체에도 따뜻한 기업이 되고 싶습니다. 이러한 것들은 가업을 물려받는 후계자의 미션이라고 생각합니다."

인터뷰를 마치며. 나오는 길에서 사무실에 걸린 회사의 슬로건을 보며 그는 아버님이 항상 강조하시는 '안전과 정직'에 대해 늘 가슴에 품고 있다고 덧붙인다. 후계자는 미래에 대해서도 눈을 떼지 않고 사업에 몰입하는 경영자의 자세이면서도 이어오는 정신에도 소홀하지 않는 품위가 있었다. 행복한 가정은 다 비슷한 것처럼 좋은 기업에서 훌륭한 기업으로 이어짐은 비슷한 것 같다. 그의 모습에서 '기업가정신은 일종의 과학도 아니며, 특별한 기예도 아니고 오로지 실천'이라는 피터 드러커의 말이 떠오르는 훈훈한 만남이었다.

추천사

▶ ㈜홍진정밀 대표이사 정태련 (중소기업중앙회, 차세대 CEO포럼 회장)

묵묵히 보이지 않는 곳에서 그 역할을 다하는 중소기업들이 공통적으로 겪고 있는 어려움이 있습니다. 바로 기업승계의 문제입니다.

시스템이 잘 갖추어진 대기업과는 달리 중소기업의 경우 기업승계 과정에 많은 어려움을 겪으면서 심각하게는 오랜 세월 쌓아온 기술과 경험을 뒤로 하고 회사가 문을 닫으면서, 오랜 시간 함께 일해온 임직원들이 실직하게 되는 경우도 발생하게 됩니다.

이론과 경험을 고스란히 정제해낸 『승계의 정석』은 전문 인력과 경험의 부족으로 기업승계에 어려움을 겪는, 그리고 기업의 존속을 위해 고민하는 수많은 중소기업에게 정말 큰 힘이 될 것이라고 믿습니다.

▶ ㈜일룸 대표이사 (전) 권광태

　퇴직 이후 몇몇 가구회사들의 경영고문을 하면서 자연스럽게 후계자들을 교육하게 되었습니다. 승계의 현장에서는 세제 관련 이외에도 그들에게 진정으로 필요한 것은 업(業)을 이어갈 경영역량과 리더십이었고 조직에서 부딪치는 친인척 경영인들에 대한 합리적인 의사결정이었습니다.

　이 책은 많은 중소기업 후계자들에게 교과서가 될 것이며, 승계자와 후계자의 자리 모두에게 큰 도움을 줄 것이라 생각합니다.

▶ **대전대학교 일반대학원 융합컨설팅학과 교수 서영욱**

2020년 3월, 세계보건기구(WHO)가 신종 코로나바이러스 감염증의 팬데믹을 선언한 이후 기업 경영환경은 급변하고 있습니다. 디지털 언택트 시대와 4차 산업혁명시대를 맞아, 이 책은 가업승계자와 후계자들에게 기업 경영환경 변화에 대처하면서 가업승계에 필요한 역량, 승계세무, 성공적인 승계를 위한 지름길로 이끌어줍니다. 또한 승계자와 후계자들이 가업승계에 따르는 위험요소를 인지하여 적절하고 침착하게 대응하며 여러 현안들을 해결할 수 있도록 안내합니다.

지속경영이란 기업이 '지속가능한 기업', '장기적인 계속 기업'으로 성장하기 위한 경영전략을 포함한 전반적인 경영활동을 의미합니다. 이 책이 지속경영을 추구하는 역동적인 중소기업들의 이해관계자들에게 가업승계라는 현실에 대처하는 방법을 안내해줄 것입니다. '회복탄력성'이란 역경과 갈등, 실패로부터 긍정적인 방향으로 회복될 수 있는 역량으로 정의합니다. 이 책은 중소기업 가업승계 이해관계자들, 특히 승계자 및 후계자들에게 회복탄력성을 높여 조직의 업무를 수행하는 데 긍정적 영향을 미칠 것입니다.

중소기업 승계자와 후계자들이 승계에 필요한 지식과 기업가정신을 받아들이게 하고, 승계와 관련된 문제해결 방안을 찾게 하고, 새로운 승계관련 경영환경에 유연하게 대처하게 함으로써 조직성과를 높이는 데 기여할 이 책을 추천드립니다. 기업들을 수백 년을 이어가는 생물체로서의 지속경영 가능한 기업으로 만드는 가이드라인이 될 것이라고 확신합니다.

▶ 한국가업승계협회장, 컨설팅학 박사 김봉수

우리나라의 창업 1세대들은 전쟁의 폐허 속에서 허리띠를 졸라매고 창업가정신으로 무장한 기업가들로, 눈부신 경제발전을 이룩하였다. 그 위대한 CEO들이 고령화되면서 기업의 경영성과가 뛰어남에도 불구하고 창업자의 퇴진과 함께 그동안 축적된 노하우와 기술들이 승계되지 못하고 소멸하는 문제점이 다발하고 있다. 이는 해당 기업뿐만 아니라 국가경쟁력 약화, 고용감소 등 사회나 국가 단위에 미치는 부정적인 파급효과가 심각하다. 문제는 바로 가업승계이다.

중소기업의 가업승계에서 가장 큰 애로사항은 상속세 문제와 지배구조 그리고 후계자의 기업가정신과 지속가능 경영의 영속성 문제이다. 이러한 문제 해결을 위한 가이드가 부족한 상황에서 가업승계 핵심을 다룬 『승계의 정석』의 출간은 반가운 소식이다. 이 책이 가업승계를 고려 중인 당사자나 컨설팅 관계자 등 가업승계에 관심이 있는 분들에게 긍정적인 영향을 주어 우리나라에도 지속가능한 천년의 강소기업이 탄생하기를 꿈꾸어본다.

▶ 국민대학교 경영대 교수, 코칭경영원 대표코치 고현숙

훌륭한 승계 전략이 필요하다

"개인의 유한성을 극복하기 위한 것이 조직이다." 피터 드러커의 말이다. 아무리 위대한 창업가도 훌륭한 성취가도 유한한 개인이기에, 승계 준비와 실행은 지속 번영 조직의 필수 요건이다. 그걸 알면서도 많은 기업들이 승계 전략을 체계적으로 준비하지 못한다.

승계 코칭을 해온 문규선 박사가 쓴 이 책은 그 분야에서 많은 생각거리를 던져준다. 승계는 10년 전부터 준비해야 한다는 게 저자의 생각이고, 절세전략 같은 세무 측면은 일부일 뿐, 후계자의 육성과 효과적인 트랜지션이 필요하다고 하면서, 5단계로 제시하고 있다. 승계를 위한 적절한 프레임워크다. 후계자가 배우고, 조직에서 역할을 맡아 성장해가면서 역할을 확장하는 청사진이 그려진다.

특히 실수에서 배울 수 있게 해야 한다는 대목이 와 닿는다. 많은 성공한 창업가들은 본인이 모든 걸 이루었다고 생각하고, 아무도 나만큼 하지 못한다고 생각한다. 그 생각이 어느 정도 진실인 것도 사실이다. 문제는 그 생각이 스스로를 제한시키고, 승계 전략에 해가 된다는 것이다. 나이 90대가 되어서도 계속 일을 놓지 못하는 창업주들도 많이 봤다. 후계자의 단점이 보이고 자신의 한창 때와 비교하기 때문에 본인은 회사를 위해서 계속 일한다고 주장한다. 모

든 인간의 유한성을 깊이 성찰하지 못하는 것 아닐까. 그 패러다임에서 벗어나기 위해서 이 책의 내용이 큰 참고가 될 것이다.

이 책은 동양 고전을 탐구해온 저자의 스타일이 그대로 반영되어 있다. 『시경』, 『맹자』, 『한비자』를 비롯한 동양고전의 영감을 주는 구절이 곳곳에 배치되어 있어서, 딱딱하게 느껴질 수 있는 경영 조언 중에 삶에 대한 성찰을 더해준다. 그래서 향취가 있는 책이다.

한 후계자는 창업주인 부친이 이룬 업적을 바위에 비유하면서, 자신이 열심히 일해서 그 바위에 내 이름을 새겨넣는 것과 같다고 말했다. 참 훌륭한 비유다. 창업주와 후계자가 이런 마음으로 존중하고 전통을 이으며, 번성에 기여할 수 있기를 바란다. 특히 재산의 상속과 취득이라고 생각하기에 앞서, 사회에 조직 구성원들에 대해 기여하고 책임을 다하겠다는 마음이 있기를 바란다. 이 책은 5대에 걸쳐 120년간 뉴욕타임즈를 이끈 설즈버거 가문 등 사례와 인터뷰를 소개하고 있어서 참고가 된다. 책의 후반부에는 승계 세무에 대한 상세한 정보와 조언이 담겨 있어 참고하고 배울 만하다.

보 벌링엄은 '사업을 일굴 때는 영원히 소유할 것처럼 하고, 동시에 당장 내일이라도 팔 수 있게끔 하라.'고 말했다. 회사를 당장 팔거나 물려줄 수 있는 상태로 만들수록 역설적으로 그 회사는 오래 지속될 가능성이 커진다는 것이다. 위대한 창업가들은 이 원칙을 따랐다. 승계를 하나의 이벤트가 아니라 사업의 큰 단계라고 보는 이 책에서 독자들이 지혜를 얻기 바란다.

『이론과 실무가 녹아 있는 가업승계 성공백서』

　저자는 회계학을 전공하였으며 중견기업에서 CFO와 CEO의 역할을 성공적으로 수행하고 그 경험을 살려 회계 관련 실무서를 저술하기도 하고 리더십 책을 번역 출간하기도 했다. 임원으로 재직하는 동안 가업승계에 대해 관심을 갖게 되었고 이어서 학문적 연구를 거듭해 경영학 박사 학위를 취득한 경력이 있다. 기존의 가업승계 관련 연구나 출판은 주로 상속 증여세 절세전략에 초점이 맞춰졌으며, 후계자의 역량 강화나 가족 간 갈등관리 등을 주제로 한 논문 등 몇 편이 시중의 큰 관심을 받지 못하고 대학 도서관 서가에 꽂혀있을 뿐이다.

　『승계의 정석』은 ①승계의 요소, ②승계자와 후계자의 조화로움, ③후계자의 필요역량, ④승계세무 등 승계의 본질과 승계 절세전략을 함께 다루는 등 창업자와 후계자를 자연스럽게 연결하고 기업의 지속성장 발전을 목표로 기술되었다. 또한 본서는 최신의 이론과 실무는 물론 다양한 사례를 함께 소개하고 있어 실제 가업승계를 고민하는 사람은 누구나 직접 활용할 수 있게 구성되었다.

　세계에서 가장 오래된 기업은 일본의 곤고구미로 578년 창업하여 약 1,400년 넘게 운영되었다고 한다. 일본의 경우 100년 이상 된 기업은 약 23,000개, 200년 이상 1,600개, 1,000년 이상 된 기업도 6개나 있다고 한다. 100년 이상

된 기업이 10개에도 못미치는 우리나라 입장에서는 상상을 초월하는 이야기이고, 부럽기 그지없을 따름이다.

창업은 쉽지 않고 수성은 어렵고 승계는 더욱 지난하기만 하다고 한다. 실제 수많은 기업들이 가업승계 준비가 부족한 탓에 기업의 경영권을 빼앗기거나 과다한 상속세 부담 등을 피하지 못하고 기업을 매각한 사례는 비일비재하다. 더구나 상속재산 분할과정에서 상속인 간 갈등이 불거져 소송을 제기하고 서로 원수지간이 되어 갈라서는 일이 부지기수이다. 피할 수 없다면 즐기라는 말도 있듯이 유비무환의 자세로 가업승계 계획을 치밀하게 세워 100년 기업의 초석을 다져야겠다. 상속세 TAX PLAN은 빠를수록 좋다. 상속이 개시되고 나서는 각종 공제제도 등 몇 가지를 제외하면 상속인들이 활용할 카드가 극히 제한적이다. 상속세 절세계획과 후계자 양성은 부모가 생전에 미리 세워 대비하는 것이 바람직하다. 물론 가업승계가 기업의 노력만으로 정착되기는 쉽지 않다. 세제 혜택 등 입법이 필요하며 정부의 지원이 요구되고 국민적 공감대도 얻어야 한다.

마침 법과 원칙, 공정과 상식을 중시하는 정부가 출범을 기다리고 있다. 기존의 정부 위주 정책에서 탈피해 학계를 포함한 민간 전문가, 기업가와 정부가 함께 고민하고 합리적인 방안을 도출해 내는 과정이 필요하다. 본서가 가업승계를 계획하고 100년 기업을 꿈꾸는 모든 기업과 후계자의 나침반이 되고 명문 장수기업의 마중물 역할을 할 수 있기를 기대해본다.

100년 비전의 기업, 성공적인 승계를 위하여

승계라고 하면 재벌가의 권력 다툼이나 형제 싸움을 생각하는 경우가 많다. 그러나 승계는 단순한 선택이나 전쟁이 아니다. 승계는 창업자가 일군 기업을 지속 경영할 수 있는 리더를 양성하고 그 토대를 다지는 과정이다. 한 세대에 그치지 않고 다음 세대, 혹은 100년까지의 비전을 만드는 시간이 바로 승계 과정인 것이다.

후계자의 '아주 심기'

후계자에게도 '아주 심기'가 필요하다. '아주 심기'란 식물이나 작물을 이전에 자라던 곳에서 수확할 때까지 재배할 곳에 옮겨 심는 것을 말한다. '아주 심기'는 더 이상 옮겨 심지 않고 완전하게 심는다는 의미로 '정식(定植)'이라고도 한다.

"고구마는 일반적으로 모를 따로 키워 어느 정도 자라면 본 밭에 옮겨심는 '아주 심기'를 한다. '아주 심기' 전에는 채취한 묘를 아물이 처리하여, 상처 난 부위에 병균이 침입하지 않도록 일정 기간 일정한 온도에서 상처가 잘 아물도록 해서 병충해의 발생률을 줄이도록 한다. 전문가는 고구마의 효과적인 수확을 위해서는 "환경에 맞는 적절한 토양 수분 및 생육 관리를 해 준다면 고품질의 고구마를 안정적으로 생산할 수 있을 것이다."라고 말했다."

— 고구마의 '아주 심기'에 대해서

후계자는 일반적으로 학업을 마친 후 다양한 경험을 하고 승계받을 회사로 옮겨 '후계수업'을 한다. 이때 성품과 역량이 부족하거나 조직에 뿌리를 잘 내리지 못하거나, 맡은 과업의 성과가 충분하지 않으면 승계 이후 기업의 지속 성장이 불투명해진다. 그 때문에 후계자가 조직에 들어온 이후에는 충분한 후계자 평가를 받으면서 역량을 강화해야 한다. 이것이 후계자의 아주 심기 과정이다.

성공의 과실이 꼭 계승되지는 않는다

성공은 성공을 부른다는 옛말이 있다. 그러나 기업 경영에서 이루어진 성공을 지속하고 더더욱 번영시키는 핵심은 승계계획이다. 그런데 문제는 매우 소수의 기업주들만이 이러한 계획을 준비하고 있다는 것이다. (미국의 경우에도 43%만이 승계계획을 세우고 있다. 우리 중소기업은 20% 내외다.) 이는 기업을 창업하고 성장시킨 주인이 은퇴한다는 사실을 허심탄회하게 직면하게 하기가 어렵기 때문이다.

기업가(승계자)의 자녀(후계자)들이 좋은 학교와 좋은 커리어로 성취를 했더라도, 부모가 이루어 놓은 기업을 승계 받아 잘 운용하리라는 법은 없다. 승계계획은 세무 문제 이외에도 '가족기업이라는 특성 안에 가족 역동, 회사 임직원과 외부 이해관계자 갈등 등 다양한 문제'를 갖고 있기 때문이다.

계획은 빠르면 빠를수록 좋다

PwC 데이터에 의하면 승계계획은 적어도 10년 전에는 계획을 세워야 한다. 계획안에는 지분취득, 세무문제, 지배구조 등 해결해야 할 여러 디테일이 있다. 장기계획을 세우면 후계자에게 경영관리에서 일어나는 과업에 대한 교육할 시간을 충분히 가질 수 있고, 승계자도 그들이 어떻게 사업 운용을 하는지 볼 수 있는 시간을 확보할 수 있다. 승계계획의 절차가 길면 길수록 멘토링 할 수 있는 시간이 더욱 많아져 가업을 승계 받을 수 있는 토양과 후계자의 역량이 확보된다.

승계를 위한 조력자

아이러니하게도 승계자가 이룬 비전·소통, 그리고 성과들이 가족기업의 전략·비전으로 계승되기 위해서는 외부로부터의 코칭이나 멘토링 등의 조력이 필요하다. 후계수업이 시작되면 후계를 위한 조력자(advisor)를 두어 경기 부침이나 산업의 변화를 감지하여 스스로 변화를 주도할 수 있도록 해야 한다. 그러나 조력자는 불을 밝혀줄 뿐 후계자의 의지로 절차를 실행하도록 놓아두어야 한다. 후계자가 실수하더라도 기회는 후계자의 것이 되어야 하며, 오히려 실수에서 배울 수 있도록 해야 한다. 승계자와는 다르게 경영하도록 하는 것이 때론 도전이 되기 때문이다. 승계는 어느 날 갑자기 치르는 이벤트가 아니고, 오랜 시간을 갖고 계획하고 실행하면서 계획을 수정, 보완해나가는 엄숙한 절차(not event but process)이다. 그리고 후계는 의무가 아니고 인생에서 하나의 옵션(an option not an obligation)일 뿐이란 것도 새겨야 한다.

승계는 단순히 선택하는 것이 아니라 리더를 양성하는 과정이다

승계는 후계자를 통해 지속적인 성장을 가능하게 하는 것이다. 스티브 잡스가 췌장암으로 CEO자리에서 물러날 때, 애플의 승계는 세계 IT업계의 최대 이슈로 떠오르고 있었다. 애플 이사회는 당시 COO였던 팀 쿡을

CEO로 선택했는데, 이에 〈포브스〉는 "13년간 COO를 맡아 수익을 극대화한 팀쿡의 경영능력과 조직관리 노하우가 필요하다고 본 것"이라고 하며 CEO승계의 대표적인 성공사례라고 분석했다. 후계자에게 주어진 기업환경에 맞는 경험과 역량을 갖추도록 하고 지속 성장할 수 있는 적절한 멘토링을 해줄 수 있다면 스스로 기업을 이끌어 가업을 오래도록 이어갈 수 있을 것이다.

이 책은 승계를 앞둔 창업자와 후계자에게 반드시 필요한 내용만을 담았다. 승계자와 후계자의 관계부터 리더십, 기업가정신부터 현실적인 세무 문제까지 다루었다. 『승계의 정석』이라는 제목에 부끄럽지 않을 만큼 충실하게 담으려고 노력했다. 이 책을 통해 많은 창업자와 후계자들이 성공적으로 승계를 하고, 우리나라에도 100년의 비전을 가지고 경영하는 기업들이 많아지기를 바란다.

"승계과정에서 후계자가 할 핵심 역할은

가족 구성원 안에 있다."

– PwC 조사에서

"근데 언제까지 연수만 할 거예요?

결국은 혼자 다녀야 하는데."

– 장류진, 단편소설 『연수』 중에서

가을에 꽃 피우기 위한 국화는 5월에 순 꽂이 하여
7월 중순 이후에 아주 심기를 하게 된다.

목 차

PART 4 승계 세무, 승계의 시작과 끝

PART 5 성공적인 승계를 위한 계획

SUCCESSION

PART 1

승계란 무엇인가?
: 승계의 요소

01

승계 프로세스 5단계와 핵심 요소

승계의 길에 선 후계자, 어디에 설 것인가?

한국은 OECD 주요 회원국 중 직계상속에 대한 최고 상속세율이 50%로, 일본(55%)에 이어 두 번째로 높은 국가이다. 여기에 경영권 승계에 대한 할증이 붙으면 최고 65%로 가장 높은 수준이다. 승계의 유효성을 위해 승계자와 후계자와의 관계와 후계자의 자발적 승계가 중요하지만 승계를 진행하는 프로세스에서 가장 높은 허들은 조세 문제가 아닐 수 없다. 이는 무엇보다도 하드웨어가 튼튼해야만 소프트웨어를 탑재할 수 있는 것과 같다.

"원활한 가업승계를 위해 상속·증여세 개편 이외에 '종합적 가업승계 지원정책 수립(자금, 마케팅 등)'이 우선적으로 추진되어야 할 정책과제로 조사되었다. 그 다음으로 가업승계 컨설팅 및 정보제공이었다."

– 『중소기업 가업승계 실태조사』에서

승계 프로세스 5단계, 균형 잡힌 절차가 이루어져야 한다

승계의 단계(프로세스)는 주로 다섯 단계로 진행되는데, 그 안에 승계자 후계자의 역할 그리고 각 단계별 인적, 관계적, 제도적 요소가 내재되어 균형 잡힌 절차가 이루어져야 한다. 다음 표는 승계단계와 승계요소를 아우를 수 있다. 현재의 자신의 위치(position)와 상황(situation)에서 해결할 문제가 무엇인지 체크할 수 있는 상황과 자리를 알 수 있다.

승계 단계	주요 역할		승계 요소		
	승계자	후계자	인적 요소	관계적 요소	제도적 요소
[1단계] 현 경영자의 단독 경영	단독 경영	관심, 참여	승계자/후계자 승계의지	가족 갈등 조정, 신뢰확보	조세 문제
[2단계] 후계자의 훈련 및 개발	노하우 및 암묵지 전수	실무경험 (타기업 or 사내)	후계자 역량 개발		
[3단계] 상호협력	감독/교육 협조자	경영참여		임직원과 참여/소통	지배구조
[4단계] 리더십의 점진적 이전	경영권 이양	통제권 확대	기업가정신 및 리더십 계승	협력사 및 사회적 네트워킹	사회적 인식, 지속가능기업 헌신
[5단계] 경영권 이전	멘토	조직의 리더			

승계의 시작이자 마무리는 조세 문제이다

중소기업의 승계를 위한 필요조건으로 주식을 받은 상속인은 수억에서 수십억 혹은 수백억의 상속세를 현금으로 내야 한다. 이러한 문제를 완화하기 위해 정부는 2009년에 최대 100억 원의 상속세를 감면해주는 '가업승계 지원 제도'를 시행하고, 2014년에는 상속재산 공제 상한선을

500억 원으로 대폭 올리기도 했다. 그러나 이 제도를 활용한 기업은 극히 제한적이었다. 이는 공제 신청 조건이 최소 피상속인이 7년 이상 직접 경영한 기업인 데다 상속 후에도 7년 간 정규직 직원 수 유지, 업종 변경 불가, 유상증자로 투자를 받더라도 지분율이 낮아져서는 안 되고, 자산의 20% 이상 매각 불가, 등 빡빡한 관리조건이 붙기 때문이다. 그래서 '가업승계 지원제도'가 있긴 하지만, 현장에서는 도움이 안 된다고 한다.

승계, 지피지기는 백전불태다!

"전략은 목표와 목표를 달성하기 위한 전체에 대한 방법과 계획이 아니라, 어떤 상황, 상황마다의 통찰이다."

"적을 알고 나를 알면 백 번 싸워도 위태롭지 않다"고 일찍이 손자병법은 말한다. 이때 적이란 싸워야 할 상대는 물론, 주어진 환경도 뜻한다. 전략 관리 구성 요소 중 환경 파악에 사용되는 용어로 PEST라는 용어가 있다. 기업을 둘러싼 외부환경을 Politics(정치), Economic(경제), Social(사회), Technology(기술)의 네 가지 관점을 고려하는 것이다. 전체 승계 절차는 물론, 모든 단계에서는 전략이 필요하다. 특히 조세 문제는 지피지기와 PEST 하나하나를 고려해보아야 한다. 이미 잘 알고 있는 바와 같이 승계는 단기전이 아니라 장기전이라는 것을 의미한다. 즉 조급하게 처리하거나, 상황에 몰려 처리되면 안 되는 릴레이 경주이다. 국내 1위 종자업체 농우바이오는 갑작스런 상황으로 상속세에 발목을 잡혀 결국 승계가 제대로 이루어지지 못하고 농협으로 경영권이 넘어간 안타까운 사례가 되었다. 조급하지 않게 미리 준비하여야 한다. 그러면 위험하지 않다. 겸손하게 준비하여야 한다. 그러면 위태롭지 않다.

輕則失本,
躁則失君

가벼이 행동하면 근본을 잃고
조급하면 뿌리를 잃게 된다.

- 노자, 『도덕경』 26장 -

02

승계의 길에서 본 기업가정신

기업가정신은 머무름(Stock)이 아니라 진행되는(Flow) 것이다

기업가(entrepreneur)를 정의하면 사업 기회를 식별하고 창출하며 불확실한 환경에서 혁신을 통해 이익을 창출하기 위해 필요한 자원을 모으고 조정하는 혁신적인 개인이라고 한다. 한발 더 나아가 기업가가 가지고 있는 '기업가정신(entrepreneurship)'은 기업을 발전·유지·지속시키려는 의지, 그리고 능력이나 산업에 대한 역할 등 폭넓게 사용될 수 있다.

기업가정신(Entrepreneurship/起業家정신)이란 슘페터의 연구를 기점으로 구체화 되었는데, 그는 새로운 아이디어에 의한 신제품의 개발, 생산성 향상, 경제성장 및 그리고 궁극적으로는 사회발전에 기여하는 혁신과 창조적 파괴 활동을 하는 기업가들의 정신을 의미한다고 하였다.

이후 제프리 티먼스(Timmons J. A.)는 기업가정신을 '기회에 초점을 맞추고 총체적인 접근방법과 균형 잡힌 리더십을 바탕으로 하는 사고, 추론 및 행동방식(a way of thinking, reasoning, and acting that is opportunity obsessed, holistic approach, and leadership balanced)'이라고 정의함으로써 기존의 기업, 승계기업, 새로 창업한 기업 모두에게 나타날 수 있는 개념으로 확장하였다. 다음 두 기업의 사례를 보면 기업가정신이 Stock(머무름)의 개념이 아니라 Flow(진행)의 개념이라는 것을 이해할 수 있다.

1) 2018년 1월 1일 '뉴욕타임즈'의 대표로 가족의 장남인 '아서 그레그 설즈버거(A. G. Sulzberger)'가 취임했다. 이로써 가문이 5대에 걸쳐 120년 이상을 이어가게 되었는데, 이 설즈버거 가문의 120년이라는 세월을 이겨낸 비결과 관련하여 산업계와 학자들은 이렇게 꼽고 있다.

▶ 분명한 승계원칙과 혹독한 후계 수업

▸ 기업의 정도(正道)를 지킨 신뢰의 유지

▸ 최고의 인재에게 최고의 대우를 하는 인재존중

2) 633년 동안 가족기업을 이어온 이탈리아 와인회사 '안티노리(Antinori)' 회장이 한국을 방문하여 한 언론사와 인터뷰에서 긴 세월 동안 가업을 지속시킬 수 있었던 선대의 정신을 이렇게 말했다.

▸ 생존비결은 '기술'이 아니라 '가치'의 전수이다. 그 가치는 다음과 같다.
　① 땅과 그 산물을 사랑하라. (와인을 생산하게 한 뿌리와 생산물인 와인)
　② 새로운 일을 투자하거나 시작할 때 너무 멀리 발자국을 떼지 말고
　　 조심스럽게 한 걸음씩 접근하라.
▸ 무엇을 하든 그것에 최선을 다해야 한다.
▸ 직원은 내가 어떤 품격과 인간성을 가졌는지 늘 지켜본다. 내가 본보기가 되지 않으면 결코 직원의 존경을 받을 수 없다.

업의 정통성과 지속 성장성을 지키는 기업가정신

가족이 영위하는 업(業)의 정통성을 지키며 지속성장하기 위해 세대를 이어 진화해야 하는 기업가정신은 승계 기업의 영속성을 위해 중요하다고 한다. 그러나 두 기업의 비결을 보아도 기업가정신은 거창하지 않다.

익숙하고 사소한 것을 지키고 축적해나가는 '길'이기도 하다. 그래서 자랑스러운 기업에게는 '길(way)'이 있다고 한다. HP Way, TOYOTA Way, MARS Way, Amazon Way에는 그들이 걸어온 기업 정신의 길이 있다. 본래 땅 위에는 길이 없었다. 한 사람이 먼저 가고, 걸어가는 사람 뒤에 '길'이 되는 것이다. 기업가정신도 그러하다. 후계자도 승계의 길에서 승계자의 길을 이어 길을 만들어 걸어야 한다.

"기업가정신(entrepreneurship)이란 일종의 과학(science)도 아니며, 한 특별한 기예(art)도 아니다. 그것은 하나의 실천(practice)이다. 기업가정신과 관련된 지식은 목적을 달성하기 위한 수단이다."

– 피터 드러커(Peter F. Drucker), 『기업가정신』

기업가정신은 세상이 흘러가는 대로 현실에 순응하는 것이 아니라 현실에서 문제(Problem)와 변화를 파악하고 이에 대한 새로운 해결 방안 (Solution)을 제공해 기회(Opportunity)를 실현하고 가치(Value)를 창출하는 과정(P-S-O-V)이다. 새로운 관점을 가진 기업가(entrepreneur)에게 이 기회가 특정한 시간에 찾아오기도 하고 기업가가 특정한 시기에 이 기회를 발견하기도 한다.

혁신의 때를 아는 기업가정신

다른 사람들이 크로노스(Cronos; 시간)의 관점에서 흘러가는 대로 세상을 바라볼 때 기업가는 결정적 시점에 카이로스(Kairos; moment)의 시간을 잡고 기회를 건져 올린다. 기회의 창이 열려 있을 때, 너무 빠르지도 않고 너무 늦지도 않게, 기회를 보고 이를 실현하기 위해 행동으로 옮긴다. 타이밍을 잘 잡는 것이 기업가의 몫이고 사업 성공의 열쇠라고 한다. 기업이 제공하는 가치가 시기에 잘 맞아야 하고 고객 니즈에 부합해야 하고 환경의 변화와 방향을 같이해야 한다. 물리적인 시간을 효율적으로 활용하려는 활동이 '크로노스 관점의 시간관리'라면 목적을 가지고 결정적인 순간에 적극적으로 변화에 반응하면서 새로운 기회를 건져 올리고 가치를 추구하는 노력은 '카이로스 관점의 시간경영'이다. 카이로스 시간경영은 때를 아는 것이다. 날 때가 있고 죽을 때가 있으며, 나아갈 때가 있고 물러설 때가 있고, 얻을 때가 있고 잃을 때가 있다. 기업경영은 이 '때' 안에서 이루어진다.

그렇다면 카이로스 시간경영을 잘하는 방법은 무엇일까? 우선 기업가는 흘러가는 시간을 일상적 반복 과정의 관점이 아닌 특별한 목적의식의 관점에서 바라봐야 한다. 나는 왜 사업을 하고 일을 하는가. 그 근원적 관점을 잊어서는 안 된다. 기업의 성장 과정에는 크로노스 시간의 연속성 위에 카이로스 시간의 불연속성이 가미돼야 한다. 기업가는 늘 카이로스의 시간을 만날 준비를 해야 한다. 아울러 크로노스 시간경영은 스피드('빨리')를 주로 추구하지만 카이로스 시간경영은 남보다 '먼저' 시작하고 기회가 열린 '제때' 실행하고 시장 반응에 대응해 더 '자주' 혁신을 하기 위해 노력해야 한다. 카이로스 시간경영이 기업에서 성과를 얻으려면 이처럼 혁신과 기업가정신이 중요하다. 그래서인지 'TIME(시간)'은 'TIM(Technology Innovation Management, 기술혁신경영)'과 'E(Entrepreneurship, 기업가정신)'로 구성되어 있다고 한다.

창업자가 아닌 후계자의 기업가정신

기업의 지속성장은 후계자의 본질적인 미션이다. 그러므로 창업자가 아닌 후계자의 기업가정신의 정도는 후계를 선택하는 중요한 요소가 아닐 수 없다. 승계자가 이룩한 과실을 계승하고 그 과실을 지속하고 성장시켜야 하는 과업을 가진 후계자는 기업가(企業家, Business Man)가 아닌 기업가(起業家, Entrepreneur)여야 하는 것이다. 다시 말하면 창업 초기 필요했던 위험감수성(Risk-Taking)부터 혁신과 기회를 추구(the pursuit of opportunity)하는 리더십을 모두 가져야 하는 플레이어(Player)가 돼야 하는 것이다. 그래서 후계자는 승계의 길에 서서 자신에게 물어보아야 한다.

1. 나는 누구이며 무엇을 열망하는가?

2. 나는 건강한 자기애를 가졌는가?

3. 나는 사람들에게서 어떻게 최선을 이끌어내는가?

가족과 기업이 동시에 살아남아 오래 가려면

피터 드러커는 〈월스트리트저널〉에 기고한 글에서 가족과 기업이 동시에 살아남기 위한 조건을 이렇게 요약했다.

"기업이 가족을 위해 일하는 것이 아니라 가족이 기업을 위해 일해야 한다. 기업이 가족을 위해 일하는 순간, 가족과 기업 둘 다 살아남지 못한다."

이는 퇴계 이황이 어린 나이에 왕위를 계승한 선조에게 『무진육조소(戊辰六條疏)』를 올려 왕조보다 국사의 공공이 더 중요하다고 말한 것과 다르지 않다. 공동사회(Gemeinschaft)인 가족과 이익사회(Gesellschaft)인 기업은 그 속성상 물과 기름처럼 섞이기 어렵다. 만약 불가피하게 공존해야 한다면 그 중심은 항상 기업에 두어야 한다는 것이다. 기업가정신은 통계에서 언급하는 것 같이 밑돌거나 잃어가는 숫자가 아니고 희망을 일구어가는 '길'이다.

기업가정신의 승계는 가치를 이어 자랑스러운 기업을 만들어가는 길이기도 하지만 개인의 삶을 의미 있게 만들어가는 과정이기도 하다. 그래서 경제적 생존, 사회적 책임, 환경적 건전에 균형 잡힌 개인의 철학을 담을 자리도 함께하는 것이다.

03

승계를 위한 조력자들

승계의 유효성을 높이는 승계 전문 코디네이터

가업승계를 연구한 논문에서 "고령사회로 진입하는 2018년이 되면 가업승계에 대한 관심이 높아질 것"이라고 밝힌 바 있다. 실제로 전경련, 중소기업 중앙회, 그리고 주요 경제지의 부설연구소를 통하여 많은 2세들의 교육 프로그램이 나오고 있다. 주요 대학의 MBA에 참여하는 학생 모집에도 2세들의 지원이 늘고 있다고 한다.

그러나 후계자들을 위한 체계적인 교육 프로그램을 제시하지 못하고 있는 실정이다. 주로 제도적인 상속·증여세 문제와 체화를 전제하지 못하는 리더십 등이 주류를 이루고 있다. 승계의 로드맵과 프로세스는 외부 전문가의 도움으로 얼마든지 준비할 수 있다. 그러나 후계자를 둘러싼 가족, 조직원, 그리고 외부 협력사는 물론 시시각각 다가오는 변화의 물결은 작지만 큰 결과를 만들고 있어, 심리적인 압박으로 역동치고 있다. 제4의 자본이라고 하는 긍정심리자본은 후계자의 마음에 확고히 자리 잡아야 하는 자산이 되기 위한 교육과 코칭이 하나의 목표를 가지고 이루어져야 한다. 이른바 승계의 유효성을 높일 수 있는 승계 전문 코디네이터가 필요한 것이다.

가족기업의 승계를 위한 4개의 영역

승계를 완료했거나 승계를 준비하는 기업에서는 후계자를 위한 프로그램을 중장기적으로 준비하여야 한다. 경영학계의 프로이트라고 하는 인시아드(INSEAD)의 맨프레드 F.R. 케츠 데브리스(Manfred F.R. Kets De Vries) 교수는 「Family Business on the Couch(2007)」에서 가족의 역동을 가장 어려운 승계 요소 중의 하나로 보면서, 물리적 자본보다 마음의 근육인 심리자본의 중요성을 강조하고 있어 실제 기업에서의 가업승계에서의 실무적인 프레임을 제공하고 있다.

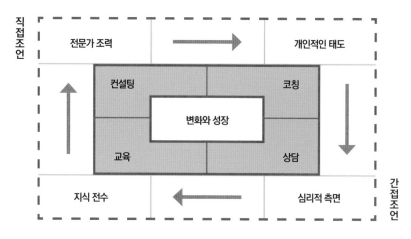

〈가족기업의 승계를 위한 4개의 영역〉

〈출처 : Kets de Vries, Manfred F. R. Family Business on the Couch. John Wiley & Sons Ltd. 2007.〉

〈가족기업의 승계를 위한 4개의 영역〉에서 맨프레드 교수는 가족기업의 승계를 위한 조력의 방안을 4개의 영역으로 나누어 소개하면서, 각각은 서로 독립적으로 문제해결과 조언을 제공하지만 서로 연관되어 있고, 다양한 기법과 원칙을 가지고 후계자의 변화와 성장을 도와야 한다고 주장한다.

교육 전문가는 경영의 지식을 전수하고 컨설턴트는 승계 프로세스에서 수행하여야 하는 승계 요소를 집어서 전문가적인 조언을 제공하여야 한다. 코치는 관계의 측면에서 조언하거나 효과적으로 문제를 해결하는 방법을 스스로 찾게 한다. 상담가는 후계자의 새로운 심리적인 근육을 강화하는데 조력을 하여야 한다고 그 역할을 제시하고 있다. 이른바 승계 전문 코디네이터의 역할을 제시한 것이라 하겠다.

리더와 조력자의 관계

리더는 사람을 잘 써야 한다. 리더의 조력자는 리더와의 관계를 돈독히 하여야 한다. 리더는 용인술의 달인이 되어야 하고 조력자는 처세술이 필요하다. 61년간 통치했던 강희제는 사람을 쓰고 대하는 방법을 다음과 같이 말했다.

疑人不用
用人不疑
의심이 들면 쓰지 않고
쓰면 의심하지 않는다.

조직의 흥망성쇠를 볼 수 있는 역사의 현장에서 리더가 어떤 조력자(책사)를 쓰느냐에 따라 운명이 바뀐 장면을 볼 수 있다. 순임금과 이윤,

유방과 장량, 유비와 재갈량 그리고 당태종과 위징과의 모습에서 이건희와 이학수와 같은 재계의 주인과 2인자들의 역할도 다르지 않았다는 것을 볼 수 있다.

① 탕왕을 도와 은나라를 세운 소통의 요리사 이윤

리더의 입장에서 재상 이윤의 메시지는 어진 재상을 알아보고 기용할 줄 아는 혜안을 갖추라는 교훈일 것이다. 훌륭한 신하가 있어야 왕도정치를 베푸는 성군이 될 수 있고, 현자를 얻기 위해서는 스스로 현명한 군주가 되어야 하니, 인재를 얻으려면 내 몸을 먼저 닦아야 한다는 가르침이다.

② 유방을 한고조로 만든 제왕의 스승 장량

"내 그대를 얻은 것은 한고조가 장량을 얻은 것과 같다." 조조가 책사 순욱에게 한 말이다. 유방은 장량을 일러 "장막 안에서 계책을 마련해 천리 밖의 승리를 취했다"고 했다. 장량은 전국시대에 가장 무력했던 한(韓)나라 재상가 공자(公子) 출신이다.

③ 유비가 세 번 찾아간 전략가 제갈량

"그 사람을 찾아가서 만날 수는 있어도 억지로 데려올 수는 없습니다. 장군(유비)께서 그를 원하신다면 직접 찾아 가서서 예를 갖추고 청해야만 할 것입니다. 만약 그를 얻게 된다면 주나라가 강태공을 얻은 것이나 한나라가 장량을 얻은 것과 같으니 부디 인재를 얻으시어 큰 뜻을 이루십시오." 제갈량을 추천한 유표의 책사 서서의 말이다.

④ 당태종에게 300번 No!를 한 노맨 위징

"구리로 거울을 만들면 의복을 바로 입을 수 있다. 옛 일을 거울로 삼으면 나라의 흥망성쇠를 알 수 있다. 또한 사람을 거울로 삼으면 세상사는 이치와 이해득실을 알 수 있다. 나는 이 세 가지 거울을 가지고 스스로의 잘못을 막으려 했다. 이제 위징이 죽으니 거울 하나가 없는 셈이다."

당태종이 위징의 묘비를 만들어 이렇게 평가했다.

이들의 공통점은 먼저 리더가 조력자에게 손을 내민 것이다. 그리고 멘토는 멘티의 신뢰의 속도로 충성을 다했다. 좋은 글을 쓰려면 좋은 사람이 되어야 하듯, 좋은 사람을 쓰려면 좋은 리더가 되어야 했다. 『논어』

「팔일」에는 좋은 리더와 좋은 조력자가 지켜야 하는 관계의 기준을 꼭 집어 제시하고 있다.

定公問 君使臣 臣事君 如之何

孔子對曰 君使臣以禮 臣事君以忠

리더가 부하를 대하고,

부하가 리더를 섬기는 것을 어떻게 해야 합니까?

리더는 예(禮)로써 부하를 대하고,

부하는 충(忠)으로 리더를 섬겨야 합니다.

– 『논어』 「팔일」 19장

04

가업승계 자문의 역할

목표는 그들을 높은 가치의 자산가로 만드는 것

가족기업 자문은 승계하려는 가족기업의 재산의 성격과 가치를 이해하여 그들을 도와 높은 가치의 자산가로 만드는 것이다. 가업승계 자문은 자산가에게 장기 목표와 우선순위를 명확히 하여 효과적 방안으로 재산을 편성하고 장기 목표를 달성하기 위하여 투자하도록 한다.

가업승계 자문은 목적에 맞는 지식과 경험을 가진 팀을 구성하여 프로세스를 진행한다. 회계, 재무, 세무 그리고 법률 자문에 이르는 팀으로 포괄적인 견해와 실질적인 테크닉으로 목표에 접근한다. 팀리더는 완벽한 프로세스를 진행하기 위한 각 기능의 통합과 진행 과정에서 취득한 비밀유지가 되도록 관리하고 협력하도록 한다.

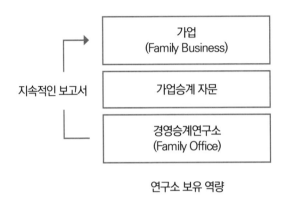

연구소 보유 역량

승계를 포함한 재무 계획	
회사 관리체계 구축	중장기 사업계획
금융자산 관리	위험관리(Tax포함)
가업승계와 지배구조 계획 (자본거래 포함)	

⇧

외부 협력

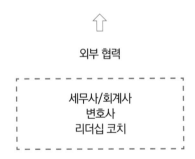

최적의 로드맵 제시

가업승계 자문은 대상 기업의 규모, 요구사항과 목표를 고려하여 어떠한 방법이 최적인지를 판단하여 로드맵을 지시한다. 로드맵에 의해 구성된 팀은 예측할 수 없는 기업환경과 경제적, 사회적 환경에 대응하기 위해서 주요 절차를 실행하는 요소에 리스크 프로토콜을 설정하여 관리한다. 대상 기업과 전문가로부터 받은 다양한 정보를 활용하여, 가업승계 자문은 리더십을 갖고 기업 내부의 진행상황, 법률적인 문제, 세무 문제 등을 포함한 전략을 명확하고 지속적으로 아래에 나열된 이슈를 수행한다.

지배구조 확인 및 대안 마련

가업승계 자문은 차세대가 가업을 잇는 데 걸림돌이 되지 않도록 대상 기업의 지배구조를 확인하고 가족 간의 역동은 물론 현재의 지배구조상 문제가 될 수 있는 요인들을 정의하고 대안을 마련한다. 이러한 과정에서 발생할 수 있는 가족 간의 갈등과 부의 분산을 최적화할 수 있도록 자문기간에 가족과 가족 사이, 가족과 자문 사이에 신뢰가 있도록 최선의 역할을 한다.

투자 컨설팅

가업승계 자문은 우량한 투자 자문처와 협력 관계를 갖고 대상 자산의 지속적인 증가를 위하여 원칙과 위험관리를 고려한 다양한 방법과 스펙트럼으로 자산을 관리한다.

세무 계획 및 관련 법규(세법 등)의 준수

자산가에게는 절세와 절세수행을 위한 법 준수는 필수적이다. 조세 전문가의 도움을 받아 대상기업의 조세 부담을 최적화하기 위한 전략과 전술, 그리고 시나리오에 의한 의사결정을 하도록 한다.

관리 대상의 통합 관리와 주기적인 보고체계 운용

가업승계 자문은 승계자의 순자산과 연관된 자세한 자료를 모아서 압축하여 계획서를 만든다. 작성된 기획서에 따라 운용된 자산의 변화를 모니터링하여, 자산의 포트폴리오를 지속하여 변형시킨다. 주기적으로 리포트를 만들어 변화된 자산 구성이 목표한 방향으로 움직이고 있는지 비교 분석하고 평가한다. 현금의 흐름, 지분의 변화 등도 리포트에 포함시켜 진화하는 흐름을 인식하게 한다. 모든 보고서는 고객의 정황과 상

황에 맞추어 MECE(겹치지 않으면서 빠짐없이) 원칙하에 간략하고 압축

해서 이해하기 쉽게 작성한다.

아름다운 미소를 가진 고독한 CEO

- (주)삼익유가공 이봄이 대표

子曰 : 益者三友, 損者三友. 友直, 友諒, 友多聞, 益矣

友便辟, 友善柔, 友便佞, 損矣

공자께서 말씀하셨다. "유익한 교우도 세 가지 유형이 있고, 해로운 교우도 세 가지 유형이 있다. 정직한 사람을 벗하고 신실한 사람을 벗하고 견문이 많은 사람을 벗하면 유익하고, 아첨하는 사람을 벗하고, 부드러운 척 잘하는 사람을 벗하고, 말 잘하는 사람을 벗하면 해롭다."

식품가공학을 공부하고 지금도 생명공학 박사공부를 하고 있는 이 대표는 옛 말을 깊이 새기고 시대의 새로운 지식을 게을리 하지 않으며 경영 현장을 이끌고 있다. 온고이지신(溫故而知新)이 체화되어 멋 부리지 않아도 깊은 멋이 우러나 친구가 되었으면 하는 사람이다.

창업자 이종익 회장이 쌓은 산더미 위에 돌을 하나 더 얹다

우유의 부산물인 유청을 분말로 선보여 획기적인 가공 업계의 혁신을 이끈 이 대표의 아버지 이용익 회장은 1984년 창업, 1987년 법인으로 전환해 2015년 작고하기 전까지 30여 년간 회사의 행보를 정도(征途)와 같이 하고 정도(正道)로써 이끌면서 강소기업으로 만들었다. 정치외교학과를 졸업했으나, 인연이 된 유가공업협회를 근무하면서 그 분야에서 한걸음 더 나가기 위해 축산식품공학 석사와 박사 학위를 취득하였다.

'삼익(三益)'은 창업 초기 책상 하나, 의자 하나였던 때부터 잃지 않았던 회사를 운영해온 철학이었다. 좋은 사람은 또 다른 좋은 사람을 만들고 또 다른 좋은 사람들은 좋은 사회와 좋은 국가를 만든다는 세계관이 그 안에 깔려 있었다. 그래서 회사의 이름도 '삼익유가공'으로 정했다. 배려와 사랑으로 조직과 주위 사람들을 행복하게 하였고, 그 기운은 올곧이 이봄이 대표에게 흘러들어 큰 연못이 되었다. 그것은 갑작스런 암 진단으로 준비 안 된(?) 사업을 계승한 이 대표에게는 창업자로부터 물려받은 자산이기도 하고, 또 한편으로는 아버지를 향한 의무감이 되어 자리 잡기도 했다. 받은 자산에서 의무인 부채를 차감하고 남은 부분이 바로 이 대표에게 기업가정신이 되었고, 그 뒷면에는 사명감, 투혼, 뚝심, 그리고 바로 요즘 말하는 존버(지혜롭게 버티기)의 케미가 있었다. 바로 아버지 창업자가 쌓아놓은 산더미 위에 돌 하나를 더 얹어야 하는 딸, 이봄이 대표의 길이 된 것이다.

준비를 위한 사람이 필요하다

"승계의 길에 서니 잃는 것과 얻는 것이 분명했습니다."

가장 먼저 잃어버린 것은 일 잘하는 사람이었다. 인간의 이기적인 유전자는 두려움에서 나오기 때문에 자기를 희생해가면서 이타적인 행동을 하지 않는다. 그래서 그 과정에서 승계의 길모퉁이에 '두려움'이 있다는 것을 실감하게 된다. 이 대표는 이 과정에서 가족을 잃지는 않았지만 주위의 많은 경우 형제, 자매, 심한 경우에는 부모도 잃기도 한다는 것을 알았다. 배우자가 있다면 배우자의 성향에 따라 잃는 정도가 달라지기도 한다.

"얻는 것은 세무사와 회계사를 대동한 보험사의 많은 조언이었습니다. 수십 개의 보험은 아버님이 베푼 배려의 산물이었지요. 그러나 보험금이 비과세되는 것은 하나도 없었습니다."

대부분의 금융 계약은 이것저것 따지며 꼼꼼한 설명과 약정의 절차로 진행되지 못한다. 그래서 상황이 일어나기 전이나 상황이 발생한 후에도 가장 필요한 것은 이해관계자(승계자, 주변 이해관계인, 후계자)들에게 진정성 있는 조언으로 의사 결정할 수 있는 확신을 줄 수 있는 진정성 있는 '사람'이라고 이 대표는 당시의 상황을 반추한다.

"외부 세무사 아니면 회사 내부의 CFO, 혹은 집안의 누군가가 정확하게 마음을 다해 사전에 준비하거나, 상황이 닥치면 최적으로 마무리할 수 있게 조언해서 이해관계자를 움직여야 합니다. 저희의 경우에는 개인적으로 친분이 있는 세무사님 그리고 내부의 CFO님이 그 역할을 하셨습니다."

증여특례와 가업상속공제, 그리고 또 다른 상속⋯ 고용승계

학교를 졸업하고 제약회사에 다니던 이 대표는 2011년 아버지의 권유로 아버지의 회사로 이직했다. 2012년 회사의 기업 가치가 높지 않을 때 이종익 회장의 40% 주식을 이 대표에게 증여했다. 이때 가업승계 증여특례를 활용했다. 당시 이 대표의 언니는 미국에 거주하고 있었기에 이 회장은 차녀인 이봄이 대표가 가업을 이어가기를 소망했다. 회사에 몸담은 5년여 간은 짧게 지나갔고, 아무도 예측 못한 아버님의 작고로 가업상속의 여부를 결정해야 하는 갈림길에 서게 되었다. 준비 안 된 상속세의 부담은 버거웠고, 돌아가신 날로부터의 10년간의 자금추적과 증여 추정을 밝히는 세무당국의 눈길은 우리 모두를 불에 졸이는 것(火煎) 같았다고 한다. 6개월이라는 제한된 주어진 시간 내에 폐업이냐 계속 기업으로 이어나갈 것인가 하는 깊이 고뇌한 끝에, 의무보다는 가치를 더 많이 남겨준 아버님 여송(如松) 이종익 회장의 산위에 돌을 하나 더 얹기로 하고, 가업상속공제 제도에 의해 부과된 상속세를 연부연납하기로 결정했다. 그리고 가업상속공제에 대한 사후관리 10년은 또 다른 부담으로 남긴 채, 남겨진 다른 자산을 나누었다. "이 과정에서는 정말로 어머니를 포함한 우리 모두를 움직이는 객관적이고 신뢰할 사람이 있어야 합니다."라고 이 대표는 간절하게 말한다.

"나만의 철학이 있는 경영자가 되고 싶습니다."

"어떤 CEO가 되고 싶은가?" 물었다. 긍정적이고 직원들의 장점만 볼 수 있는 나만의 경영철학을 실행하고 싶다고 한다. 회사의 대표는 끊임없는 의사결정의 과정에 놓여 있다. 타이밍, 선택, 실행과 피드백이라는 의사결정이 주는 스트레스에 눌려 몸과 마음의 균형을 잃어도 누군가와 눈을 맞추기 어려워 CEO는 고독하다. 그는 "배우자가 많이 도움이 된다. 묵묵하지만 큰 버팀목이라는 것을 문득문득 일깨워 줍니다." 하며 엷게 웃음 짓는다.

미소가 아름다운 고독한 CEO, 이봄이 대표는 오늘도 또 다른 자신의 돌 하나를 찾아 그 위에 얹기 위해 양재천을 걷는다. 삼익(三益)을 생각한다.

飄風不終朝,

驟雨不終日

회오리바람은 아침 내내 불지 못하고

소나기는 하루 종일 내리지는 않는 거라네.

그게 다, 절로 그러한(自然) 것이라네.

- 노자, 『도덕경』 23장 -

SUCCESSION

PART 2

승계자와 후계자 사이,
어떻게 조화를 찾는가?

01

가업승계의 필요조건과 충분조건

"행복한 가정은 비슷해서 고만고만하지만, 불행한 가정은 그 불행의 모양이 저마다 다르다."

– 톨스토이, 『안나 까레리나』

실행(實行) 결과를 판단하는 기준으로 '유효성(availability)'이란 단어를 쓴다. 사전적 의미로 '유효성'은 '효력이나 효과(effectiveness)를 발휘하는 특성이나 성질'이라고 정의하고 있다.

행복은 투입과 산출의 비율인 효율(efficiency)이 아니고 실제 그 마음에 도달한 유효성이고, 우리는 성공의 척도를 효율적이었다고 이야기하지 않는다. 그래서 많은 전문가들은 승계라는 테마에도 '유효성'에 대해 관심을 갖고 연구하고 있는 것 같다.

'승계 유효성'에 대해 합의된 규정은 없지만 그 반대 개념인 실패는 기업이 파산하거나 후계자가 해임되는 것이라고 정의하고 있다. 그러나 일반적으로 성공적인 승계는 승계에 관련된 이해관계자(승계자, 후계자, 가족, 임직원 등)의 만족이고, 또 다른 하나는 승계 후에 나타나는 비즈니스 성과라고 하는데 의견을 같이 하고 있다. 전자를 질적(quality) 평가, 후자를 효과성(effectiveness) 평가라고도 한다.

이러한 성공적인 승계에 영향을 미치는 요인으로 첫 번째는 승계자와 후계자가 승계 전 과정에 걸쳐 좋은 관계를 유지하는 것이며, 두 번째는 후계자가 자발적인 승계 의지를 갖고 기업운용의 핵심과 가치를 공유하면서 능력을 갖추는 것이라고 최근 한 연구에서 말하고 있다. 그러니까 승계가 단순한 지위의 이동을 넘어서 후계자 삶의 재구성이라는 프레임으로 보면, 바람직한 후계자의 자질로서 전문성, 기업 가치를 공유하는 측면은 필요조건이고 관계의 역동성에서 나타나는 인성요소는 충분조건이라고 해도 다르지 않은 것 같다.

승계자의 다른 이름, 아버지

어느 승계 관련 칼럼에서 후계자를 바라보는 승계자의 마음속에 아래와 같은 심리가 일어나는 것을 목격한다고 한다.

- ▶ 사업을 일구는 과정에서 사무쳤던 험한 세상의 기억 속 파노라마
- ▶ 과연 내가 일군 사업을 잘 지켜낼 수 있을까 하는 노파심
- ▶ 게다가 '오이디푸스 콤플렉스'라는 부자 관계의 긴장감

친밀감과 친근감은 비슷해 보이지만 두 단어 사이엔 커다란 간극이 있다. 친밀감이란 '우리라는 결속감이고, 우리들을 위협하는 사람들인 그들에 대한 방어'라고 에릭슨(Erikson)의 〈심리적 사회발달이론〉에서 정의하고 있다. 그러나 친근감은 단순한 경계 안에서의 가까움을 의미한다. 종종 많은 아버지와 2세 간에는 친근(親近)은 하지만 친밀(親密)하지 못한 것을 발견한다. 조그만 실수에도 자존감을 상실하게 하는 가혹한 언어와 불편함이 발생하는 것은 간극의 한 예로 볼 수 있다.

태평양 연안에 '천축(天軸)잉어'라는 바닷고기가 있다고 한다. 암놈이 알을 낳으면 수놈이 그 알을 입에 담아 부화시킨다. 입에 알을 담고 있는 동안 수컷은 아무 것도 먹을 수가 없어서 점점 쇠약해지고, 급기야 알들

이 부화하는 시점에는 기력을 다 잃어 죽고 만다. 수놈은 죽음이 두려우면 입 안에 있는 알들을 그냥 뱉으면 그만이다. 하지만 수놈은 죽음을 뛰어 넘는 사랑을 선택한다. 이 땅에는 아버지란 이름으로 수많은 사람들이 살아간다. 그중 한 분이 당신의 승계자이다.

좋은 신뢰관계란 친밀한 유대관계, 원활한 의사소통, 협조적인 태도를 뜻한다. 승계의 충분조건인 관계 역량의 핵심은 '역지사지(易地思之)'의 마음이다. 승계자, 아버지, 그리고 한 인간으로서의 마음을 공감해야 한다. 외형적인 친근감에서 친밀감으로 관계가 성숙해져야 좋은 신뢰관계가 형성되는 것이다. 한 번 '죄송합니다.' 하고 다가가면 그 다음부터는 훨씬 쉬워지고, 관계를 개선시키고 서로의 상처를 치유하며, 아버지의 그늘에서 벗어나는 새로운 입구임을 느끼게 될 것이다.

"승계가 잘 이루어진 기업은 비슷해서 고만고만하지만, 승계가 잘 안되는 기업은 그 모양이 저마다 다른 이유가 있다."

승계자와 후계자, 줄탁동시(啐啄同時)하라

알에서 병아리가 자라 껍질을 깨고 세상 밖으로 나오기 위해 어미 닭에게 일러주는 부리 짓이 '줄(啐)'이라 하고, 어미 닭이 새끼 병아리의 부리 짓을 듣고 마주 쪼아 껍질을 깰 수 있도록 도와주는 것이 '탁(啄)'이라고 한다. '동시(同時)'는 병아리의 '줄'과 어미 닭의 '탁'이 같은 시공간에서 동시에 일어날 때 비로소 병아리가 알을 깨고 나올 수 있음을 의미한다. 승계의 과정도 이와 다르지 않음을 알 수 있다. 줄탁동시는 그런 의미로 '승계의 유효성'을 그려보는 이미지 같은 사자성어인 듯하다.

후계자, 그대여!

새끼 병아리의 부리 짓마냥
굽어진 아비의 등을 살포시 안아보시는 것이 어떠한가?

오늘, 저녁에는….

02

승계자와 후계자, 아버지와 아들

군자는 자기 아들을 직접 가르치지 않는다

인간관계는 나와는 피 한 방울 섞이지 않은 생물학적으로 전혀 다른 존재와의 교제로부터 시작된다. 그래서 『중용』에 인륜의 진정한 시작이 부부라고 하였다.

부부의 교제 속에서 나온 존재인 자식과 부모와의 관계가 부자이다. 부모와 자식 간에는 친함을 잘 유지하며 지내야한다는 관계 윤리가 바로 부자유친(父子有親)이다. 전혀 관계가 없었던 남남 사이에서 가장 친밀한 관계가 파생된다는 것 자체가 기적이라면 기적이다. 그런데 이렇게 친하고 사랑하는 사이이기 때문에 자식을 잘 가르치는 일이 쉽지 않다. 그래서 부모의 자식 교육에 관한 슬기로운 방법이 오래전 고안되었다.

"역자교지(易子敎之)"

『맹자』의 「이루상(離婁上)」에 나오는 말이다.

공자는 하나밖에 없는 아들을 직접 가르치지 않았다. 이를 두고 공손추가 스승인 맹자에게 물었다. "군자가 자기 아들을 직접 가르치지 않는 까닭이 무엇입니까?" 맹자는 부모가 자식을 직접 가르치게 되면 감정과 현실, 목적과 결과의 측면에서 틀어지기 쉬운 문제가 있다고 답하였다.

가르치는 사람은 바르게 되라고 가르치는 것이다. 만일 그대로 실행하지 않으면 노여움이 따르게 되고, 그러면 부자간의 정(情)이 상하게 된다.

"자식은 속으로 아버지가 내게 바른 일을 하라고 가르치지만 아버지역시 바르게 못하고 있다고 생각할 것이다. 그래서 옛날 사람들은 서로자식을 바꾸어 가르쳤다. 부자 사이에 서로 잘못한다고 책망하면 정(情)

이 멀어지게 되고 그러면 불행한 일이 아닌가?"

스승도 자기 자식은 못 가르친다는 말이다. 즉, 자기 자식을 직접 가르치면 부자지간에 서로 노여움이 생기고 감정이 상하게 되는 등 폐단이 많아지므로 다른 사람과 서로 자식을 바꾸어 가르친다는 뜻으로 쓰인다.

인생을 이끌어주는 스승이자 조언자, 멘토(Mentor)

'멘토'라는 단어는 『오디세이(Odyssey)』에 나오는 오디세우스의 친구이자 아들의 스승인 멘토르에서 유래한다. '이타카'의 왕인 오디세우스는 트로이 전쟁에 출정하면서 아들 텔레마코스의 교육을 멘토르에게 맡긴다. 그는 친구의 아들에게 자상한 선생과 조언자가 되고 때론 엄한 아버지가 되어 텔레마코스가 훌륭하게 성장하는 데 있어서 큰 정신적 지주가 되었다. 이후 멘토라는 그의 이름은 지혜와 신뢰로 한 사람의 인생을 이끌어주는 스승과 조언자와 동의어로 사용되고 있다.

『중용』에 수도지위교(修道之謂敎)라 하듯이 교육은 사람으로서 걸어가야 할 바른 길을 제시하고 닦아주는 것이다. 부모가 자식에 대한 애정이 깊다 보니 자식이 바른 길을 걷지 않으면 성질을 낸다. 그런데 정작 부모 스스로의 현실은 스스로 늘 바른 길을 걷고 있음을 자식에게 보여줄 수 없다. 서로 질책하게 되면 부자가 정이 떨어지게 된다. 심한 질책 대신에 해당 분야에 관해 믿고 맡길 수 있는 아들의 선생을 알아보는 눈이 더 필요하다.

03

가업승계와 갈등관리

"가족기업의 성공적인 승계는 승계과정의 만족도와 승계 이후 기업의 경영 성과로 분류된다. 전자는 승계과정에 대한 주관적 평가라면, 후자는 승계 이후의 기업 성과에 영향을 끼치는 매출액, 시장 점유율, ROI, 자금흐름 등 객관적 요인의 평가이다. 주관적 팩트로는 가족 갈등으로 특수한 가족요인으로서 가족 관계성은 가족기업에서 보유한 자원의 역동으로 인식되며, 사업문제는 후계자가 가족기업 내부의 자본을 이해 또는 수용 여부에서 발생한다."

– 김은준, 박사 논문에서

기업에서 발생하는 갈등의 유형

조직 내에서 중요한 갈등은 업무갈등과 관계갈등 및 과정갈등으로 나타났음을 리라의 연구(The Roles of group Behavior, Structure, Processes, Business Publications)에서 증명하였다. 업무갈등, 관계갈등과 과정갈등은 서로 연관되어 있는 경우가 많지만, 이러한 갈등의 유형은 명확하게 서로 구분되며 집단의 성과에도 영향을 끼치게 됩니다. 갈등요인에 대해선 측정단위에 따라 달리해야 하며, 사회조직, 또는 기업들 간 갈등논의에는 업무갈등, 관계갈등 및 과정갈등이 필히 포함되어야한다고 주장한다.

1) 업무갈등

업무갈등은 업무의 내용 및 쟁점에 관한 서로 다른 의견 및 집단의 아이디어 갈등을 말한다. 업무에서 시작하는 것이 업무갈등이지만, 갈등이 자리 잡는 과정과 이를 해소하는 과정을 살펴보면, 그 안에 신뢰, 또는 추상성과 같은 불명확한 관계, 즉 비업무적인 상황이 관여된다고 한다. 즉, 조작적이고 정의적인 개념으로는 관계갈등과 업무갈등이 뚜렷하게 구분될 수 있으나, 그 발생 원인이나 해소 방안에 있어서 업무갈등은 추상적인 요인으로 결정되는 경향이 있다고 한다.

2) 과정갈등

과정갈등은 업무 자체의 본질이나 내용에 대한 것이 아니라, 특정한 업무를 수행하기 위한 방법에 관한 것이므로 업무에 접근하는 전략에 관한 것이라 한다. 팀 작업 수행 시 다른 의견과 방법에 대한 토의, 그것들을 누가 맡아야 하는가의 문제 및 업무일정을 짜는 방책에 대한 존의 등의 예가 있다.

3) 관계갈등

관계갈등이란 기본적으로 집단 구성원들 간의 인간관계, 정서, 감정의 문제로 보이나, 궁극적으로 신뢰 또는 상호간의 리더십으로 연결되어, 조직이나 팀의 성과에 직간접적으로 영향을 미친다고 주장한다. 관계갈등의 시작은 서로 간의 차이 자체가 아니라 이것을 받아들이는 집단의 분위기에 의해 결정되는 것이다.

갈등관리의 다섯 가지 유형

갈등관리는 목표를 설정하고 이를 효과적으로 달성하기 위해 조직 활동을 합리적인 측면으로 체계화하는 과정을 나타내는 과정적 개념으로 정의한다. 갈등관리는 갈등이 언제나 부정적인 것은 아니며 종종 유용하게 활용될 수 있다는 긍정적인 인식을 전제로 한다. 즉, 갈등관리란 갈등 수준이 낮을 경우 순기능적 갈등을 유발하여 조직의 효율성을 높이고, 반대로 갈등의 수준이 지나치게 높으면 그 갈등을 감소시키는 것이다.

갈등관리의 유형은 아래의 표로 요약될 수 있다. (Thomas & Kilmann)

유형	기준	내용	예상결과
경쟁형	적극적인 자기주장	상대방의 희생으로 자기갈등 해소 자신의 판단과 권위를 중시함	상대방은 패배감, 모욕감을 느낌
회피형	갈등 관리 회피	자신은 문제에 대해 관여하지 않고 중립적 태도 취함	문제해결을 미룸 더 큰 문제로 발달
타협형	신속한 합의 태도	서로 간에 해결책을 찾음 갈등이 길어지면 혼란 유발	신속한 해결책 모색을 위한 조건 형성
양보형	자기욕구를 포기함	조화로운 인간관계 유지가 최우선 과제로 자세를 취함	상대방이 갈등 해소
협력형	공동으로 문제해결	상대의 입장에 대한 이해 및 최선의 해결책을 모색	상호이해 및 과정의 공정성 도모

* 회피형과 양보형, 그리고 타협형과 협력형은 같은 유형인 것으로 나타남.

가족기업과 갈등관리 유형에 대한 일반적 견해는 다음과 같다.

1. 경쟁형은 가족과 기업이 직면한 많은 문제를 해결하는 데 적합하지 않다.

2. 회피형은 갈등을 더 높이거나, 상호신뢰를 떨어트린다고 보고 있다.

3. 타협형은 협력형과 비슷한 결과를 내기도 하지만 타협과정이 길어지면 혼란을 가중 시켜 타이밍을 놓칠 수 있고, 누구도 만족할 수 없는 결과를 만들 수 있다.

4. 양보형은 관계인 모두가 조정을 위해 서로 양보하여 갈등을 해결할 수 있는 것처럼 보이지만 현실적이지 않다.

5. 협력형은 상호 긍정적인 관계와 좋은 유대관계를 가질 수 있을 뿐만 아니라, 바람직한 가족의 성과에도 도움이 된다고 한다.

새로운 패러다임으로서의 경쟁적 갈등관리

가족기업은 가족과 기업의 두 가지 요소가 균형과 조화를 이루고, 두 요소의 영속적인 가치를 추구하는 조직체이다. 즉 공동체로서 시너지를 내야 하는 특별한 특성을 가지고 있다. 가족기업에서 발생하는 갈등, 특히 가족 구성원간의 갈등은 정도의 차이는 있겠지만, 가족기업을 경영하는 대부분의 가족들이 공통적으로 직면하는 문제일 것이다. 기존의 가족기업 관련 경쟁적 갈등관리 유형은 부정적 효과를 지니고 있었다. 그러나 한 연구 결과에 의하면, 초 경쟁 시대라는 환경 속에서 적극적인 자기주장과 경쟁우위 확보 의지를 보이는 경쟁적 갈등관리유형이 이 시대의 새로운 패러다임으로 유의하다고 한다. 중소기업의 경우 변화하는 기업환경에 대한 적응이야말로 기업의 존망을 결정하기도 하기 때문이다. 이에 속 깊이 곱씹어볼 만한 테제(These)일 것이다.

사자(獅子)와 신 포도

이성계 장군은 고려의 구시대를 청산하고

새로운 조선을 건국한 이후

백성을 위해 수많은 제도를 바꾸려 했다.

임금으로서 최고의 권력으로 자신의 계획을 추진하려 했으나

신하들의 강한 반대에 부딪혀 국정을 제대로 돌볼 수가 없었다.

어느 날 책사 정도전을 불렀다.

"임금의 하는 일이 뭐요?"

정도전 말하기를

"듣고, 참고, 품는 것입니다."

태조 이성계는 첫 번째 부인 한씨에게서 아들 여섯, 두 번째 부인 강씨에게서 둘을 얻어 모두 여덟의 아들을 두었다. 아들 중 유일하게 과거에 급제해 이성계의 자랑이었던 다섯째 방원은 기꺼이 아버지 대신 손에 피를 묻혀 새 왕조의 문을 여는 데 큰 역할을 했다. 방원은 누구보다도 개국에 큰 공을 세웠다고 자부했지만, 인정받지는 못했다. 개국공신에서도 제외되어 서운함이 쌓이던 차 열 살을 겨우 넘긴 배다른 동생 방석이 세자로 책봉된다. 젊은 아내의 어린 자식을 세자로 앉히는 것이었다.

삶은 B와 D사이의 C라는 사르트르의 말처럼, 이성계의 선택은 파국을 몰고 남을 결정이었다. 그 배경에는 조선을 사대부의 나라로 만들고 싶었던 정도전의 입김이 작용했을 것이다. 그러나 이방원은 자신의 시대를 열기 위해 긴 시간 칼을 갈았다.

마침내 태조 7년(이성계 나이 63세) 이방원은 정도전의 세가 커져 더이상 기다릴 수 없었다. 1398년 8월 25일(음력) 제 1차 왕자의 난이 일어난다.

『조선왕조실록』「태조실록」은 이렇게 기록하고 있다. (역사란 이긴 자의 이야기 아니겠는가? 「태조실록」은 이방원의 측근 하륜이 편집했다.)

"정도전이 태조의 병이 위독하다고 속이고 여러 왕자를 궁으로 불러들인 후 일거에 죽이려 했다. 이에 이방원은 자신의 사병을 동원하여 남은의 첩 집에서 술 마시고 있던 반역자 정도전을 죽인다."

정도전 제거에 성공해 하루아침에 권력의 중심에 선 이방원은 이거이, 이백경을 앞세워 세자 방석을 요구했다.

태조는 정도전, 남은을 그렇게 보냈지만 자신의 형제마저 무참히 살해할 것이라고는 생각하지 않았다. 방석과 그의 측근은 방석을 내주기를 주저했지만 태조는 그들을 달래 도당에 내주었다.

"걱정하지 말아라. 화가 어찌 너에게 미치겠는가?"

도당에서 전 세자 방석을 내보내기를 청할 때 태조가 말했다.

"이미 주안(奏案)을 윤가(允可)했으니, 나가더라도 무엇이 해롭겠는가?"
– 태조 7년 1398년 8월 26일

하지만 태조의 믿음과는 달리 그들은 싸늘한 시신이 되어 돌아왔다. 이방원측은 세자 방석을 폐출하자마자 귀양 보내는 도중에 죽였고, 강씨의 다른 소생인 방번마저 살해했다.

"개국 공신 정도전과 남은 등이 반역을 도모하여 왕자와 종실들을 해치려고 꾀하다가, 이미 그 계획이 누설되어 공이 죄를 가릴 수 없으므로 이미 살육되었으니, 그 협박에 따라 행동한 당여는 죄를 다스리지 말 것입니다."

변중량으로 하여금 이를 써서 올리니, 임금이 시녀로 하여금 부축해 일어나서 압서하기를 마치자, 돌아와 누웠는데, 병이 심하여 토하고자 하였으나 토하지 못하였다.

"어떤 물건이 목구멍 사이에 있는 듯하면서 내려가지 않는다."

— 태조 7년 1398년 8월 26일

태조는 자신의 슬픔과 분노를 표현할 수조차 없었다. 형세는 이미 기울었고, 자신은 노쇠한 왕일뿐이고, 주동자는 자신의 아들 방원이니 말이다. 믿었던 아들에게서 배신당한 태조, 하지만 날선 이방원 앞에서 분노도 표현하지 못했다.

닷새가 지난 1398년 9월 1일 태조는 왕자들에게 청포도를 구해오라 명한다. 신하에게 구해오라 하지 않고 굳이 왕자들에게 교지를 내린다.

임금이 수정포도(水精葡萄;청포도)를 먹고 싶어 하여, 조순을 명하여 세자와 여러 왕자에게 교지를 정하였다.

"나는 아버지가 계시지 않으므로 영자(影子)를 그려서 사모하게 되는데, 내가 비록 쇠약하나 아직 숨이 붙어 있으니 너희들은 다행한 편이다. 지금 병이 오래 낫지 아니하여 수정포도를 먹고자 한다."

세자와 여러 왕자들이 모두 소리를 높여 울면서 즉시 상림원사 한간에게 명하여 유후사와 기내 좌도에 널리 구하였는데, 경력 김정준이 산포도가 서리를 맞아 반쯤 익은 것을 한 상자 가지고 와서 바치니, 임금이 기뻐하였다.

— 태조 7년 1398년 9월 1일

때는 서리가 내리기 시작한 10월(음력 9월). 가을의 막바지에 여름과 일을 구해오라는 태조의 마음은 무엇이었을까? 그것도 교지를 왕자에게 내리면서 태조의 마음을 청포도를 매개로 해서 방원에게 전달하는 것(推己及人)이 아니었을까? 어떤 마음을 전달하려는 것이었을까?

태조의 교지대로 왕자들은 아버지를 걱정하는 마음으로 소리 높여 울었고, 찬바람이 부는 10월에 포도를 구하러 열심히 다녔다. 서리를 맞아 겨우 반만 익은 신포도를 먹으며 크게 기뻐했다는 조선을 창업한 사자(獅子), 태조의 심정을 헤아려보는 것은 어렵지 않은 것 같다.

여기 누구 나를 아는 사람이 없는가?

"딸들아 말해다오. 나를 얼마나 사랑하는지."

황량한 광야에서 리어왕은 물었다.

"여기 누구 나를 아는 사람이 없는가?" 하고.

옆을 지나던 광대가 대답했다.

"그건 당신의 그림자요."

SUCCESSION

PART 3

후계자에게 필요한
역량은 무엇인가?

01

후계자의 역량 체득 - 흡수역량에 대해서

흡수역량이란

흡수역량은 "슘페터의 혁신이론에서 출발하여 이후 인지심리학 및 조직학습이론과 연계하여 발달한 개념으로 새로운 외부의 지식을 받아들이고자 할 때 기존에 개인이 가지고 있던 지식과 상호 연관성이 있을 때 가장 효과가 높다"고 하는 개인 수준의 지식 능력을 조직 수준으로 확대한 개념이다.

흡수역량에 대해 초기에는 "외부 지식과 정보 가치를 평가하여 기업 가치 창출을 할 수 있는 지식과 정보를 찾아내고 인식하는 행위, 외부 지식을 자기 것으로 흡수하고 소화하고 체득하는 행위, 습득된 지식으로 공정개선과 새로운 제품개발 등에 활용되는 행위를 하도록 돕는 것이다."라고 하였다. 즉, 흡수역량은 각 부서 간의 소통과 협조를 통해 문제 해결하는 과정이 빨라지면 시장에서의 우위를 점할 수 있는 경쟁력의 원천으로 작용될 수 있다. 더 나아가 "흡수역량을 증진시키는 요인으로 조직 지식(organizational knowledge), 적정 수준의 정형화(formation) 능력, 그리고 사회적 통합 메커니즘(social interaction mechanism)"이라고 기존의 개념을 종합하였다(Vega-Jurado) 여기서 조직 지식이란 조직의 경험 · 스킬 · 지식이 생성 · 축적 및 공유된 상태로 기업이 현재 소유하면서 활용이 가능한 기본 지식 수준을 의미한다. 기업이 새로운 지식을 탐색하는 경험을 축적하고 있거나, 조직구성원의 개별 역량이 높거나, 높은 능력을 보유하고 있다면 외부의 지식을 자신의 지식으로 흡수하고 동화시키는 능력이 높아진다. 따라서 승계의 유효성에 관계되는 프로세스와 그 안에서 작동되는 승계 요소는 조직의 흡수역량에 영향을 주게 된다.

잠재적 흡수역량과 실현된 흡수역량

흡수역량을 한층 더 역동적인 모델인 잠재적 역량(Potential absorptive capacity : PACAP)과 실현된 역량(realized absorptive capacity :

RACAP)으로 확장하여 전개한 학자는 자흐라와 조지(Zahra & George)
이다.

1) 잠재적 역량(PACAP)

지식의 획득과 동화를 잠재적 역량으로 개념을 설명하면서, 지식의 획
득(acquisition)은 "외부에서 생성되거나 존재하고 있는 지식 중 조직에
필요한 지식을 인지하고, 이를 탐색하여 획득하는 것"이라 한다. 이 단
계에서 조직 차원에서 중요한 것은 필요한 정보, 지식, 기술 등이 어디에
있는가와 어떻게 접근하여 필요한 정보, 지식, 기술을 획득하는지가 중
요하다. 지식의 동화(assimilation)는 기존에 보유하고 있던 지식과 외부
로부터 획득한 지식, 정보, 기술을 이해, 분석, 해석, 처리하여 조직에 적
합하게 재해석하는 활동을 의미한다. 그래서 잠재적 역량, 즉 지식의 획
득과 동화의 과정에서 조직 내·외부의 환경적 특성은 중요한 요인이다.

2) 실현된 역량(RACAP)

외부로부터 획득하고 동화된 지식, 정보, 기술은 내재화(transformation)
와 활용(exploitation)되어야 조직이 지속적인 경쟁우위를 지키는 조직
역량이 될 수 있다. 내재화는 조직에서 학습된 기존 활동에 새로운 지식,

정보, 기술을 결합하는 활동이다. 이 과정에서의 핵심 요인은 기존과 새로운 것을 융합하는 창조적 이연현상(bisociation)으로 "조직적인 이연현상 과정은 관련된 환경이 매우 빠르게 변하고, 경쟁이 심화되는 환경 속에서는 조직에게 경쟁우위를 가져다 줄 수 있는 매우 중요한 요인이다." 라고 레인(Lane)의 연구에서 설명한다.

활용(exploitation)은 내재화 된 지식, 정보, 기술을 조직의 일상적인 활동과 더불어 새로운 것을 창출하는 활동을 의미한다. 조직의 실제적인 성과(outcome)는 활용을 통해서만 창출한다.

흡수역량과 지속가능경영

흡수역량은 "조직의 기업가정신을 함양시킨다"고 한다(Sakhdari, 2018). 또한 "기업의 새로운 내·외부의 지식을 혼합하여 조직의 기업가정신을 만들어낸다"고 주장한다.(Foss 외) 그리고 흡수역량은 "조직의 기업가정신이란 기업의 혁신, 창의 그리고 전략적으로 새로이 추진하는 활동 등의 총체적인 개념"이라고 했다.(Wei & Ling, 2015)

기업가정신으로부터 유래된 기업가 지향성(Entrepreneur Orientation)은 "시장기회에 직면한 기업이 자율적이고 혁신적인 위험을 감수하며, 적극적으로 행동하려는 경향성"이라고 밀러(Miller)는 정의한다. 기업가

지향성이 높은 기업은 그들이 가진 잠재역량으로 인하여 새로운 기회가 생길 가능성이 높다. 이러한 "새로운 기회에 대한 정보는 다양한 사전지식 기반에 기초한 흡수역량을 통해 나타난다"고 초기 흡수역량 개념에서 주장하고 있다. 지식 기반 사회로 진입한 시대적 상황에서 지속가능한 경쟁우위를 유지하도록 할 수 있는 핵심자원은 기업 특유의 지식 베이스이다.

기업의 지속가능 경영을 위해서도 외부 지식에 대한 흡수로 혁신의 기재로 삼아야 한다는 필요성은 많은 학자들이 주장한다. 기업은 내부 연구개발(R&D) 이외에 기업 간 전략적 제휴, 합작투자, 인수합병(M&A) 등을 통해 흡수역량을 향상시킬 수도 있으나, 내·외부적 지식 교환을 통해 다양한 지식을 습득할 수 있고, 문제해결 능력을 향상시킬 수 있으며, 이를 통해 혁신을 하게 된다. 승계 과정과 이후 지속 성장 경영 과정에서 후계자에게 요구되는 역량이다.

02

경영(經營)의 의미 – 동양 고사에서 찾다

경영이란 말은 2,600년 전 유교 경전인 『시경』 「대아편(大雅篇)」의 '경지영지(經之營之)'란 말에서 나온 것이다. 글자의 뜻만을 보면, '經之'는 측량하는 것이고, '營之'는 실제로 짓는 것이다. 현대 경영학적으로 풀어보면 Plan(계획)하고 Do(실행)하는 것으로 설명될 수 있다.

"詩云經始靈臺(시운경시영대)하여 經之營之(경지영지)하시니

　庶民攻之(서민공지)라 不日成之(불일성지)로다.

　經始勿亟(경시물극)하시나 庶民子來(서민자래)로다."

『시경』의 고사에 의하면, 문왕이 영대(靈臺)와 영소(靈沼)를 짓기 위해서 경영을 하니, 모든 백성들이 자식처럼 나서서 있는 힘을 다해 그 일을 해서, 얼마 되지 않아 훌륭한 영대와 영소가 완성이 되었다는 것이다.

이『시경』의 고사는 나라 경영의 핵심이 백성들의 마음을 얻는 것임을 깨우치게 하려는 것이다. 모든 백성들이 자식처럼 나서서 마치 부모의 일을 하듯이 하는 서민자래(庶民子來)의 경영이 이루어진다면 어떤 일인들 이루어지지 않을 수가 없다는 것이다. 2,300년 전 맹자는『서경』의 민본사상과 천명사상을 왕도정치의 실현을 위한 애민(愛民)·중민(重民) 의식으로 발전시켰으며, 그 구체적인 방법이 '與民同樂(여민동락)'이라 하였다.

맹자는 특히 위나라 양혜왕에게『서경』「탕서(湯誓)」의 구절을 인용하면서 아무리 화려한 대(臺)와 연못, 새와 짐승들을 가지고 있더라도 민심을 잃는다면 어찌 왕 혼자 즐거울 수 있겠느냐고 말한다. 그러면서 문왕(文王)은 양혜왕 못지 않은 대(臺)와 연못과 짐승들을 가지고 있었지만, 백성들과 함께 한 까닭에 영대(靈臺)·영소(靈沼)라고 부른 것이라 하였다.

또 제선왕에게는 음악을 즐기든 화려한 정원을 즐기든 사냥을 즐기든 중요한 것은 백성과 함께하는 것임을 강조하면서, 심지어 재물을 좋아하고 여자를 좋아하는 마음까지도 백성과 함께하라고 권하였다. 그러면서 문왕은 제선왕의 사방 40리 사냥터보다 더 큰 사방 70리의 사냥터를 가지고 있었지만 그것을 백성들과 공유물로 생각했기 때문에 백성들은 오히려 작다고 생각했다는 말까지 하였다.

이러한 생각은 철저한 위민(爲民) 의식 속에서 나온 것이며, 당시의 군주들의 권한을 제약하면서 백성들에게 성과를 나누어 실제적인 혜택을 주려는 의도였다. 맹자가 이야기하고자 하는 핵심은 진정으로 뛰어난 경영자는 사람의 마음을 얻는 경영을 하는 사람이라는 것이다.

그렇다면 사람들의 마음을 얻는 경영을 하기 위해선 어떻게 하여야 하는가? 맹자는 사람의 마음을 얻는 경영에 두 가지의 중요한 원리가 있다고 가르친다.

"是不爲也(시불위야)이언정 非不能也(비불능야)"

즉, "이는 하지 않는 것이지 할 수 없는 것이 아닙니다"의 가르침은 사람의 마음을 얻기 위한 가장 첫 번째 원리이다.

'하지 않음(불위: 不爲)'과 '할 수 없음(불능: 不能)'의 차이에 대한 이야기이다. 사람들의 가장 깊은 곳으로 들어가면 꼭꼭 숨겨놓은 자신만의 가장 본원적인 욕구가 있다고 한다. 이 지점은 내가 누구인가의 본원적인 질문에 대한 많은 메아리가 울려 퍼지는 곳이다. 누군가 어떤 사람에게 '너는 할 수 없어.'라고 말한 것을 본 경험이 있는가? 그 말은 어쩌면 그 사람에게 가장 큰 상처를 준 말일 수 있다. 우리가 어떤 일을 할 때 가장 필요한 것은 누군가의 끝까지 변치 않는 믿음, 즉 'You can do it(너는 할 수 있어).'이라는 믿음인 것이다.

다시 말해서 경영자가 사람의 마음을 얻는 경영을 하고자 한다면 그 경영자는 자신을 위해서 일하는 사람들에게 '당신은 할 수 있고 나는 그것을 믿고 있소'라는 확신을 줄 수 있어야 한다.

그렇지만 사람의 마음을 얻는 경영이 어려운 것은 '그래요, 당신은 할 수 있어'의 마음으로 직원들을 대하는 것만으로는 그들을 이끌어갈 수 없기 때문이다. 사람의 마음을 얻는 경영이 단순히 믿음을 주는 태도만이 아니라 진정성을 가지고 직원들을 이끌어나가는 자신만의 경영 철학과 맞물려 있어야 한다. 이러한 사람의 마음을 얻는 경영의 원리를 맹자는 '초상지풍(草上之風)'이라는 말로 설명을 했다.

"초상지풍(草上之風)이면 필언(必偃)이라"

즉 "풀 위에 바람이 불면 풀은 반드시 눕는다"는 답을 주었다. 초상지풍(草上之風)의 가르침은 사람의 마음을 얻는 경영의 두 번째 원리이다.

맹자는 임금과 신하의 모습을 바람과 풀에 비유하였다. 임금은 풀 위에 부는 바람이고 신하들은 풀과 같아서, 만약 풀 위의 바람이 한 방향으로 지속적(consistency)으로 분다면 풀은 반드시 그 방향으로 눕게 된다는 것이다. 경영자가 확신을 가지고 추구하는 일들은 그 아랫사람들이 반드시 따르게 된다는 가르침인 것이다.

사람의 마음을 얻는 경영이 어려운 이유는 상반된 것처럼 보이는 이 두 가지 원리를 조화롭게 하나로 만들어가는 과정이기 때문이다. 한 편으로는 자신을 따르는 사람들에게 '너는 할 수 있어.'라고 확신과 자신감을 불어 넣어주면서 다른 한편으로는 초상지풍(草上之風)의 경영철학으로 비전을 공유하고 조직을 결집하여 이들을 한 방향으로 따르도록 하여 두 가지 경영의 원리를 조화롭게 하나로 만들어가야 하는 것이다.

성공한 CEO는 대부분 기업의 전략을 수행하면서 핵심성공요인으로 명확한 비전의 제시, 실행 과정에서 어떠한 시련이 와도 헤쳐나가는 CEO의 추진력, 그리고 성과에 대한 공정한 평가와 보상을 제시한다. 2,600년 전이나 지금이나 다르지 않다.

지속 성장을 위한 엔진, 리더십

리더십은 조직의 중심에서 에너지를 만든다

"들어주는 리더, 기다려주는 리더, 따뜻하게 배려해주는 리더, 지장(智將)—덕장(德將)—복장(福將)의 단계에서 상황에 맞는 리더, 신뢰를 주는 리더, 역할을 열어주는 리더, 솔선수범하는 리더, 말과 행동이 일치하는 리더라고 생각합니다."

리더 그룹으로 참가한 리더들의 시간에서 리더십의 상(象)을 이렇게 표현했다. 리더십이란 누군가에게 영향력을 주는 것이다. 그래서 리더십이란 두 명 이상 모이면 필요한 덕목으로 설명된다. 요순의 시대부터 군주의 시대를 거쳐 기업의 시대에 이르기까지 리더는 존재하여야만 했고 리더십은 상황에 맞는 다양한 자질과 덕목으로 요구되었고 발휘되었다. 그리고 역사가나 연구자들은 카리스마 리더십, 신뢰 리더십, 변혁적 리더십 등 시대에 맞는 리더십을 범주화했다.

리더십은 조직문화의 중심에 서서 조직의 가치를 만들어가는 데 에너지를 만들어낸다. 기업의 미션을 이해하고 추진하여야 하는 지식을 갖춘 조직원들이 성장할 수 있도록 배려해주는 리더. 스스로 성과를 창출할 수 있도록 기다려주면서 역할을 열어주어 기존의 관념에서 벗어난 실행도 심리적 안전을 갖도록 신뢰하고 들어주는 리더. 권한과 책임을 잘 알아 솔선수범하고 스스로의 신념과 표출된 행동이 일치하는 리더. 그러한 리더들이 만든 커뮤니티로 우리 회사를 이끌어가기를 마음속에 품고 있었다.

"지도자들이 당장 성적에 목 멜 수밖에 없는 현실을 압니다. 그렇지만 많은 선수를 키우는 데 힘쓰다 보면 성적은 저절로 따라오게 돼 있어요. 지도자들이 좀 더 큰 비전과 긴 안목을 갖고 일했으면 좋겠고, 축구협회도 이들을 뒷받침할 수 있는 제도와 시스템을 만들어주길 바랍니다."
– 이회택 전 축구협회 부회장 [출처: "그라운드의 풍운아...", 〈월간중앙〉, 202010호]

리더의 어원은 지도를 보고 길을 가는 사람을 안내하는 사람이다. 그러니까 리더가 존재하기 위한 전제 조건은 목적지, 지도, 그리고 가려고 하는 사람이다. 기업에서는 기업의 목표, 비즈니스 플랜, 그리고 그것을 실행하는 임직원이 된다. 그래서 리더는 기업이 추구하는 미션과 비전을 확립하고 그것에 얼라인(align)된 목표를 설정하고 그 목표를 달성하기 위한 계획을 수립한 후 적합한 팀을 구성하고 그 팀으로 하여금 기회를 포착하게 하고, 그 과정에서 일어나는 문제를 해결하는 것이다. 이 모든 과정에서 리더의 리더십이 영향을 주어 에너지가 일어난다.

후계자의 포용의 리더십

"지식의 두께가 두껍고 깊이가 있어야 이 분야에서 생존할 수 있습니다."

가업승계하여 사업을 성공적으로 이끈 한 후계자는 사업 초기에 시장에서 살아남을 수 있는 최소한의 조건이 지식이라고 믿었다. 이 세상에 보물이 있다면 그것을 찾아낼 수 있도록 해주는 것이 지식이라는 것이 그의 지론이었다. 열외나 용서가 가능했던 시기를 지나, 회사가 성장하고 많은 의무와 부담을 이겨내야 하면서 한 인터뷰를 통해서 이제는 경영에 대해서 그는 이렇게 밝히고 있었다.

"지식과 기술은 필요조건이고 사업의 충분조건은 '리더십'입니다. 사람의 에너지를 모으고 조화하는 '포용 리더십'이 기업을 지속가능하게 합니다."

소통과 공감의 포용 리더십

4차 산업혁명 시대의 키워드라 하면 기술의 융합, 그리고 협력이라고 한다. '신뢰'라고 하는 사회적 자본이 더욱 가치를 발휘하는 것이다. 오만하고 독선적인 리더의 존재는 조직에 악영향을 미치고 한순간에 나락으로 떨어지는 것을 자주 보게 된다. 팔로워들의 다양한 형편과 처지를 살피며 그들의 목소리에 귀 기울이는 리더의 덕목이 지식과 기술을 안전하게 하는 것이다.

포용 리더십을 발휘하는 리더는 효과적인 소통과 공감, 권한의 하부 이양, 결단력을 꼽을 수 있다. 이러한 포용 리더십이 작동하면 조직은 다음과 같은 네 가지 원리에 충실하는 모습을 볼 수 있다고 한다.

첫째, 조직이 역동적이고 변화 지향적인 문화에 익숙하고,
둘째, 조직구조가 수평적이어서 조직 내 밸류 체인을 구성하는 부문들이 조화를 추구하여, 장애가 일어나면 스스로 극복하는 중심점이 자연스

럽게 생성된다.

셋째, 조직의 일체감을 위해 정보가 공유되어 구성원들의 광범위한 참여와 몰입이 이루어지고,

넷째, 구성원들이 일정한 자율성을 보장 받으면서도 경영 윤리에 대한 확고한 신념과 의지를 가지고 있다.

최근에 지식과 리더십을 강조하던 회사의 대표가 새로운 대표로 바뀌었다. 지배구조를 조정하면서 일어난 횡령. 배임 혐의 수사로 몇 번의 조사가 일어난 이후였다.

관심을 받아왔던 회사와 대표는 도덕적 해이 논란으로 몸살을 앓고, 그는 이사회 일원으로 R&D 중심 경영환경 구축에 집중을 하겠다고 거취를 표명했다. 그리고 전문경영인으로 취임한 신임 대표이사는 경영철학 없는 회사의 운영 계획만을 언론에 다음과 같이 공개한다.

"회사의 비전은 매출이고 내실은 이익구조 개선"이라며, "목표 매출액을 달성하는 데 노력하겠지만 영업이익도 포기하지 않겠다"고 말한다.

포용의 리더에게

겸손하여 교만하지 않고 과시하지 않기에, 그저 물처럼 공기처럼 존재감만 느끼게 할 수 있는 그러한 리더가 가장 위대한 리더라고 한다. 그는 상대의 입장에서 바라볼 줄 아는 시각을 지니고 있어 그저 밥 잘 퍼주는 엄마와 같다고 한다. 자신을 속이지 않는다.

生而不有, 爲而不恃, 長而不宰
(생이불유 위이불시 장이부재)

만들어 놓고도 자기 것이라고만 하지 않고, 이루고도 뽐내지 않으며, 성장시키고도 주재하지 않으니, 영구히 존재한다. 포용하는 리더의 모습이다.

우리의 미션과 비전은 무엇인가요?

'우리의 미션과 비전은 무엇인가요?'라는 질문에 대표는 이렇게 답했다.

"우리의 미션은 회사를 통해서 사회에 선한 영향력을 끼치는 것입니다. 우리의 이러한 임무를 달성하기 위한 비전은 다음과 두 가지입니다. 하나는 우리가 세상에 내놓으려 하는 제품이 누구나 접할 수 있도록 기술적으로 구현하는 것이고 두 번째는 자부심이 있는 회사, 일이 즐거운 회사입니다."

우리가 가는 길에 선 이정표, 성과관리시스템

리더는 우리가 가는 길을 늘 관찰해야 한다. 성과관리시스템은 바르게 가고 있는지 늦지는 않는지 신호등이 되고 이정표가 된다. 시대적 요구를 보더라도 우리가 구축하려는 OKR은 적절한 프로세스를 제시한다.

결과 중심으로 상시 평가로 운용되고, 평가자가 피평가자를 랭킹하는 것이 아닌 육성하는 마음이 기본철학으로 설계되어 있다. 이를 위해서 리더 그룹은 회사의 미션, 비전과 얼라인 되어 있는 목표(Objective)를 세우고 결과를 판단할 수 있는 핵심지표(Key Result)를 세워 직원들과 소통하고 일의 가치와 의미를 느끼게 하고 무엇을 해야 하는지 명확한 가이드를 제공하여 스스로 에너지를 만들 수 있도록 규칙적인 리듬(주, 월, 분기 단위)으로 코칭해주어야 한다.

리더는 전사 및 팀 목표에 대한 정보를 공유하고 성장과 육성 위주의

커뮤니케이션을 하는 관리자가 아닌 파트너가 되어야 한다. 마음에 두었던 리더 상은 올곧이 이러한 마음을 담았다. 또한 가장 뛰어난 팀은 심리적 안전감이 높은 팀이라는 것을 인식하고 서로의 신뢰 관계를 지속적으로 유지하여야 한다고 공감했다. 사람은 신뢰로 연결될 때 더 강해지기 때문이다.

심리적 안전감이 높은 팀

신뢰는 가장 높이 추구해야 할 리더의 덕목이다. 신뢰의 본질은 '내가 업무와 관련해 그 어떤 의견을 제시해도 벌을 받거나 보복당하지 않을 것이라고 믿는 조직 환경'이라는 심리적 안전감을 갖는 것이라고 조직론에서 말한다. 매슬로의 욕구 5단계에서도 생리 욕구 다음으로 안전(safty)이 인간에게 절실한 욕구이기 때문이다.

非知之難也, 處之即難矣.

(비지지난야 처지즉난의)

－『한비자』「세난」편

"알기 어려운 것이 아니라, 아는 것을 운용하기 어려운 것이다."『한비자』의 「세난」 편에서 말한다. 아직은 완벽하지 않지만 우리의 리더상, 우리의 인재상을 정의하고 기업문화라는 생물로 관리시스템을 운용하여야 한다고…. 탁월함보다 지속성이 더 중요하기 때문이다. 리더의 시간은 비즈니스에서 '소통과 공감은 성공의 중요한 열쇠'임을 지각하게 하는 시공간이었다.

겸손하여 교만하지 않고 과시하지 않기에,
그저 물처럼 공기처럼 존재감만 느끼게 할 수 있는
그러한 리더가 가장 위대한 리더라고 한다.

<12인의 성난 사람들>에서 보는 리더의 품성

- 비판적 사고를 가진 겸손한 인내를 본다

① 대한민국은 민주공화국이다.

② 대한민국의 주권은 국민에게 있고, 모든 권력은 국민으로부터 나온다.

- 대한민국 헌법 제 1조

국민주권의 원리는 일반적으로 어떤 실천적인 의미보다는 권력의 정당성이 국민에게 있고 모든 통치 권력의 행사를 최후적으로 국민의 의사에 귀착시킬 수 있어야 한다는 등 국가권력 내지 통치권을 정당화하는 원리로 이해되고 있다.

1957년에 만들어진 영화 <12인의 성난 사람들>은 민주주의를 가장한 폭력을 되돌아보고 편견과 왜곡이 가질 수 있는 잔인함을 상기시킴으로써 확인되지 않은 수많은 정보에 둘러싸여 진실을 바로 보지 못하는 현대 사회의 어두운 단면을 재조명한다.

어느 푹푹 찌는 더운 날 오후에 배심원실에서는 12명의 배심원들이 투표를 시작한다. 18세 소년이 자신의 아버지를 칼로 잔인하게 살해한 혐의로 재판장에 올라와 있다. 뚜렷한 알리바이는 없고, 두 명의 증인이 있다. 살인사건에 대한 재판은 최종 판결만 남은 시점이다. 배심원의 판결은 만장일치가 되어야 한다.

소년은 흑인이고 전과 5범이며 어머니는 일찍 돌아가시고 아버지가 감옥에 들어가면서 고아원에서 매를 맞으며 자랐다. 배심원들은 목격자들이 증언에 앞서 "진실만을 말하겠다"고 서약했다는 것을 근거로, 그들의 증언에는 의심할 가능성조차 열어두지 않는다.

"유죄를 의심할 만한 '합리적 의심'이 있다면 무죄 판결을 내리고, '합리적 의심'이 없다면 유죄 판결을 내려야 한다. 유죄는 곧 사형을 뜻한다." 판사는 단호히 말한다. 즉 12명의 백인 배심원들이 한 사람의 목숨을 결정짓는 막중한 책임을 지니게 된 것이다.

1년 중 가장 더운 날 에어컨도, 선풍기도 나오지 않는 좁은 공간이라 하나, 배심원들의 태도는 굉장히 불성실하고 진지하지 못하며 각자의 사정으로 신속하게 판결을 끝내고 싶어 한다.

각자의 사정은 다양하다. 증권시세를 신경 쓰는 사람, 야구 관람을 해야 하는 사람, 감기에 걸려 짜증이 난 사람, 자신의 가출한 아들을 용의자인 소년에 투영시켜 이성적 사고를 하지 못하는 사람 등. 각자만의 사연과 사정으로 인해 이들은 판결을 빨리 끝내는 것에만 초점을 맞춘다. 한 사람의 목숨 앞에서….

12명의 배심원 중 그 누구도 소년의 무죄를 예상하고 있지 않는다. 심지어 한 배심원은 자신이 설명할 수는 없지만 유죄라고 확신한다며, "범인이 아니라고 증명 못하였기 때문에 범인이라고 생각한다."라고 말한다. 그렇게 11명의 배심원은 유죄라고 하는데, 단 한 사람만이 이 소년의 유죄를 의심한다. 무죄라는 것이 아니라, 유죄가 확실하지 않다는 것이다. 모든 것은 이 한 사람의 '합리적 의심'에서 출발한다.

'합리적 의심(resonable doubt)'이란 무엇인가?

유죄를 증명할 수 있는 증거나 의심 등에 대해 '왜'라는 의문을 제기하는 것이다. 이는 의심할 만한 근거가 하나라도 있다면, 당연히 짚고 넘어가야 하는 문제라는 것이다.

우리가 믿고 있는 진실과 사실은 언제든지 왜곡될 수 있다. 진실과 사실이 항상 동일하다는 점의 오류에 대해서 말하고 있다. 맹목적인 신뢰보다는 합리적 의심이 더 가치 있다는 점을 시사하고 있는 것이다.

'편견과 왜곡의 잔인성', '인간 생명의 존엄성' 상기시키는 드라마

〈12인의 성난 사람들〉은 살인 사건의 진상을 파헤치는 배심원들의 법정 드라마 같지만 100분간의 치열한 토론을 통하여 자신의 편견을 깨고 자아를 끌어안는 반성의 드라마이다. 작품은 '한 명의 무고한 사람을 죽이는 것이, 열 명의 죄인을 풀어주는 것보다 부당하다'는 격언 속에 나타난 '인간 생명의 존엄성'과 '합리적 의심의 필요성'에 대하여 생각해보게 한다.

영화에서 소년은 용의자로 잡혀오지만, 엄밀히 말해 용의자가 범인의 또 다른 말은 아니다. 이는 '무죄 추정의 원칙'에도 잘 나와 있는데, 소년은 전과 5범이라는 사실만으로 처음부터 범인으로 취급받는다. 편견이 진실을 가리며, 증거가 아닌 정황만으로 판단되는 상황인 것이다. 편견과 정황보다 '증거'에 초점을 맞추고, 객관적으로 사건을 바라보는 배심원조차 소년을 유죄라고 판단한다.

사실, 즉 'FACT'로만 이 사건을 바라보아도, 소년은 유죄가 분명하다고 단정 짓는다. 소년의 유죄를 확신한다. 증인이 증언 도중에 실수했거나 증언이 왜곡됐을 가능성을 처음부터 배제한 것이다. 하지만 그가 그렇게 맹신하는 '사실(FACT)'인 목격자들의 증언조차 잘못됐을 수 있다는 가능성이 제기된다. 유일한 목격자들의 각각의 증언은 소년이 아버지를 살해했다고 말한다. 하지만 배심원들이 합리적 의심을 갖고 목격자들의 증언을 다시 한 번 살펴보며, 그들이 했던 각각의 증언들이 서로 모순되어 있음을 발견한다.

그리고 마침내 목격자들의 증언들이 잘못됐다는 것이 증명되는 순간 한 사람씩 한 사람씩 마음을 바꾸게 된다. 모든 가능성을 열어두고 의심할 만한 것을 다시금 되살펴봤을 때, 숨겨진 진실과 마주하게 되고, 희박하더라도 미약하게 존재했던 가능성이 한 소년의 인생을 바꾸게 된 것이다.

이 영화에서는 한 사안이 합의되어가는 과정을 면밀하게 그려내고 있으며, 또한 갈등을 이겨내고, 합의를 이끌어내는 과정이 얼마나 고통스럽고 어려운 일인지 잘 보여주고 있다.

또한 우리는 편견과 우리에게 주어진 민주주의를 제대로 이해하고 실천하는지에 대한 질문을 던진다. 또 '합리적 의심'에 의해 제일 먼저 유죄를 의심했던 유일한 단 한 명의 배심원을 만나게 된다. 깨어 있는 사고와 함께 어떠한 상황에서든 그것을 떳떳하게 말할 수 있는 용기를 갖고 근거 없이 무턱대고 무죄를 주장하며 의심하는 것이 아니라, 모든 가능성을 열어두고 인내심을 갖고 유죄로 판단됐던 증거 중 확실하지 않은 것에 대해 의심하면서 다른 배심원의 의견을 존중하면서도 모든 가능성을 열어두고 설득하는 겸허한 리더를 만나게 된다.

Reflection

어느 중요한 순간에 남들이 긍정하는 부분에 기탄없이 의문을 제기하는 사람이 될 수 있을까? 겉으로는 내 결정에 신뢰를 갖고 의견을 바꿀만한 사람인 척은 할 수 있을 것이다. 하지만 실제 상황에 부딪히면 용기를 잃는다. 과거의 성공 방정식을 깨고 새로운 방안을 제시할 수 있는 용기를 가져야 한다. 남들이 옳다고 하는 일에 대해서 한 번쯤은 합리적 의심을 해보자. 합리적 의심이 발견된다면 소신 있게 발언하는 사람이 돼보자. 한층 성숙한 사람이 될 것이다.

〈대학연극 포스터와 영화 포스터〉

리더십의 발견

· 겸손한 마음을 갖고 인내심을 유지하며 설득한다.
· 감정의 절제 / 경청의 태도
· 구성원에 대한 세심한 관찰, 상대의 의견을 존중하는 마음
· 시간 관리로 구성원의 집중력 유도

드라마에서 묘사된 사회심리이론

· 편견(Prejeduce) : 두려움이란 숨은 감정으로 공격성이 특정 약자에게 향하는 현상
· Stereotype(전형, 고정관념, 象) : 다양성을 존중할 만큼 성숙하지 않아 나타나는 현상
· 전이 : 중요한 사람들과의 관계에서 경험했던 느낌, 사고, 행동 유형이 현재 맺고 있는 다른 사람들과의 관계로 이전(transformation) 되는 것

<마지막까지 유죄를 주장하는 3번 배심원>
걔가 뭐라고 소리 질렀는지 기억 안 나? "죽일 거야." 그게 그 놈이 한 소리야, 지 애비한테. 그 아버지가 어떤 인간인지 나도 몰라. 하지만 지

애비 아냐? 썩어 빠진 놈. 난 알아 그 놈이 어떤 놈인지. 어떤 줄 알아? 당신들이 알아? 어떻게 매일 밤 찾아와서 당신들을 죽이는지 알아? 세상에 당신들 정말 모르겠어? 왜 나한테만 보이는데 왜? 여기 가슴에 칼 들어오는 거 안 보여?

<8번 배심원>

걘 당신 아들이 아녜요. 다른 사람입니다.

· 인지적 오류

· 플라톤의 동굴

· 상황이론

· 3의 설득 이론 : 3명, 30%가 동기 부여되면 조직 리더십이 발휘된다.

· 협상 설득시의 주위 환경 : 드라마에서는 배심원들이 집중할 만한 환경이 아니었다. 무더운 여름, 에어컨과 선풍기도 작동 안 되고, 장소도 감옥 같은 사무실이었다. 상징적으로 비가 오면서 배심원의 의견이 모아지고 있었다.

· 비판적 사고 : 내용에 대한 비판 / 상황에 대한 비판 / 기본 전제, 가정에 대한 비판

· 합리적 의심(reasonable doubt)

우리가 믿고 있는 진실(TRUTH)과 사실(FACT)이 얼마든지 왜곡될 수 있으며 둘의 사이에는 간극이 존재할 수 있다. 진실의 왜곡은 우리의 편견과 아집, 때로는 개인적 사정이나 환경적 문제 때문에 발생할 수도 있다. 지금 우리 사회도 마찬가지이다. '팩트(FACT)'라는 단어가 유행처럼 번지며 모든 문제를 '사실'로만 판단해야 한다고 말하지만, 우리가 여과 없이 받아들이는 사실 자체가 왜곡될 수 있는 것이다. 새로운 사실이 나오고 의심의 여지가 생기며 여론이 변화하는 영화 속 내용처럼, 오직 '합리적 의심'만이 진실을 가려낼 수 있다.

우리는 당연히 진실이라 여겨지는 것들에 대한 의심이 필요하다. 사실이는 굉장한 노력이 필요한 과정이다. 합리적 의심 없이 도출된 의사결정이 진실 그 자체라고 확신해서는 안 된다.

· 성인의 친밀 —고립 단계(에릭슨의 심리사회적 발달이론) : 청소년기에 합리적으로 잘 통합된 자아의 정체감이 형성되면 타인과의 심리적인 친밀감의 형성이 강해진다. 자기의 정체성을 잃지 않고 다른 사람이나 이성과 융합될 수 있다. 또한 적절한 수준의 고립감은 건강한 발달을 위해 필요하기도 하다. 다름에 대한 반목과 고립감의 경험을 통해 적절한 수준의 친밀감을 형성하다 보면 보다 성숙한 자아 역량을 발달시킬 수 있다고 했다.

〈드라마에서는 정체성의 미숙으로 성인기라 볼 수 없는 미흡한 군상을 볼 수 있다.〉

SUCCESSION

PART 4

승계 세무,
승계의 시작과 끝

본서에서는 승계 세무의 개념적 내용을 함축하여 다루었습니다. 기업승계 실행 시에는 각 기업의 내용과 상황이 모두 상이하므로 그 적용의 방법과 절차는 전문가와 상의하여야 합니다.

01

승계 단계에서 승계 세무의 위치

　승계 단계에서 대두되는 핵심 요소를 살펴보면 승계자와 후계자라는 지극히 인간적인 인적요소와 승계 프로세스에 일어나는 관계적 요소, 그리고 승계 프로세스의 하드웨어라고 볼 수 있는 제도적 요소로 나누어볼 수 있다. 이러한 세 가지 범주로 나누어 균형 있게 접근하여야 성공적인 승계를 마무리할 수 있다.

승계의 단계(프로세스)에서의 승계 세무회계의 위치

승계 단계	주요 역할		승계 요소		
	승계자	후계자	인적 요소	관계적 요소	제도적 요소
[1단계] 현 경영자의 단독 경영	단독 경영	관심, 참여	승계자/후계자 승계의지	가족 갈등 조정, 신뢰확보	**조세 문제**
[2단계] 후계자의 훈련 및 개발	노하우 및 암묵지 전수	실무경험 (타기업 or 사내)	후계자 역량 개발		
[3단계] 상호협력	감독/교육 협조자	경영참여		임직원과 참여/소통	지배구조 Governance
[4단계] 리더십의 점진적 이전	경영권 이양	통제권 확대	기업가 정신 및 리더십 계승	협력사 및 사회적 네트워킹	사회적 인식, 지속가능기업 헌신
[5단계] 경영권 이전	멘토	조직의 리더			

02

기업성장 사이클에서 본 승계의 위치

기업의 탄생과 성장 그리고 기업의 지속성도 인간의 탄생과 성장 라이프 사이클과 다르지 않다. 개인사업자 혹은 법인으로 창업한 회사는 초기 관리체계의 불비로 어수선한 경영의 문제를 갖고 성장의 길로 들어선다. 시스템과 사람이 조화롭게 운용되어야 하는 것은 일반적인 사회 구조와 다름이 없다. 상품, 제품의 차별적인 개발, 시장 개척 그리고 기업의 사회적 책임을 거론할 때 즈음 되면 사람에 대한 중요성이 대두되고 기업이 다음 세대로 계승되어야 하는 마지막 경영과제가 창업자 앞에 다가선다.

그림은 기업의 창업부터 성장에 이르는 길에서 만날 수 있는 경영 이슈들을 라이프 사이클에 표현했다.

"과연 현시점에서 우리 회사가 '당면한 경영 이슈'는 무엇인가?"

지속가능경영을 위한 로드맵 – 주주가치 실현

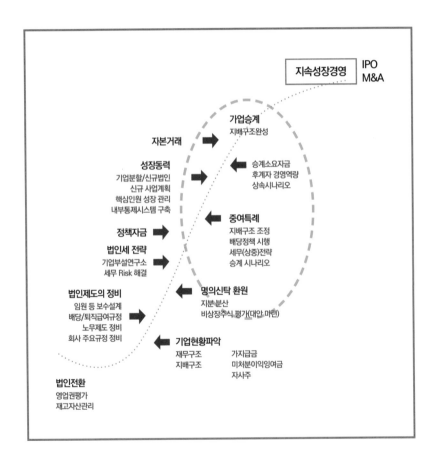

승계 실무에서의 진행 일정

이해관계자 인터뷰 회사조직 현황파악 증여자산 검토	재무제표 검토 기업지배구조파악	승계전략 2 세무전략 재무전략	승계전략 1 인적요소 관계적요소	실행 /사후관리

현황분석	승계전략 수립	실행관리
1. 증여재산 평가 2. 기업 가치 계산(주식평가) 3. 지배구조 시뮬레이션	1. 가업승계 관련 제도 운용 2. 지배구조 조정을 위한 재무전략(증자,감자,분할,합병)	1. 상속세 유동성관리 2. 사후관리

주요 가업승계 세무적 검토 항목

구조적 문제 해결	증여 상속 이슈	가업승계 특례	지분 확보방안
– 가지급금 – 미처분이익잉여금 – 명의신탁	– 기업 가치 – 지배구조 – 특수관계인	– 증여 특례 – 창업 특례 – 가업상속공제	– 신규법인 설립 – 기업분할 – 인수, 합병

가업승계의 실무에서 첫 단계는 기업의 현황을 분석하는 것이다. 현재 승계 단계의 위치와 승계자와 후계자의 역할과 포지션, 그리고 증여재산을 평가하는 것으로 시작한다. 결국 후계자의 인적 관계적 제도적 지배권을 확보하기 위한 절차라고 해도 과언이 아니다.

본 장에서는 가업승계를 위한 세무적 검토를 한다. 그 핵심에는 기업가치(비상장 주식) 평가(상증법), 중소기업 가업승계 제도인 가업승계 주식 증여세 특례(조특법), 창업자금 주식 증여세 특례(조특법)가 있다.

승계 Flow (세무 중심)

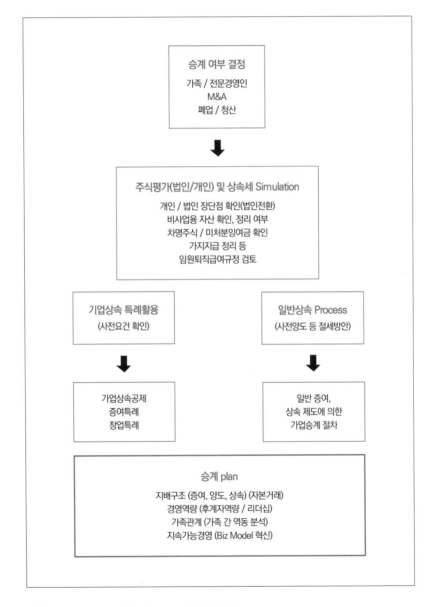

성공적인 승계를 위해서는

장기적인 안목을 가지고 체계적으로 준비하는

마스터 플랜을 수립하여야 한다.

03

주식의 명의신탁 세무 실무

소유관계를 공시하도록 되어 있는 부동산, 주식 등의 재산에 실제 소유자의 명의가 아닌 타인의 명의로 등기해놓은 것을 '명의신탁'이라 한다. 단기적으로는 증여의제, 인정이자 등의 재무적 위험요인이 있고, 장기적으로는 수탁자의 변심 및 신상 변화(파산, 이혼, 사망 등)에 따른 소유권 분쟁을 야기할 수 있고 가업승계 시 장애요인이 되기도 한다.

명의신탁 주식의 문제점

증여의제	가업승계 장애	실질과세	차명주식 권리 행사
실제소유자와 명의자가 다른 경우, 명의자가 증여한 것으로 본다. (상증법 제24조 2항)	가업상속요건 어려움, 배당 제한으로 기업, 가치 제고 어려움. 승계자의 자금여력에 제한적 요소.	간주취득세 제2차 납세의무	주주명부에 기재된 차명주주의 주주권 인정 여부

발생원인

1) 상법상 발기인 조건 요건에 의한 차명등재(상법 제288조)

1996년 9월 30일 이전   7인 이상

2001년 7월 23일 이전   3인 이상

2001년 7월 24일 이후   1인 이상

2) 실제 소유자의 신용상 문제 및 사업상 여러 명의 주주가 필요한 경우

명의신탁 주식 실제 소유자 확인제도

일정한 요건을 갖추면 종전의 복잡하고 까다로운 확인절차 없이 실제 소유자를 확인해줌으로써 납세자의 입증 부담을 덜어주고 원활한 가업 승계와 안정적인 기업경영 및 성장을 지원하기 위해 마련한 제도이다.

명의신탁주식 실제 소유자 확인제도의 대상자 요건

1) 주식발행법인이 2001년 7월 23일 이전에 설립이 되었고, 실명전환일 전에 '조세특례제한법 시행령'에서 정하는 '중소기업'에 해당할 것.

2) '실제 소유자와 명의 신탁자' 모두 법인 설립 시 발기인으로 설립 당 '명의신탁주식'을 '실제 소유자'에게 환원하는 경우일 것.

3) 소유자별, 주식발행 법인별로 '실명 전환하는 주식 가액'의 합계액이 30억 미만일 것.

명의신탁 주식 실제 소유자 확인 절차

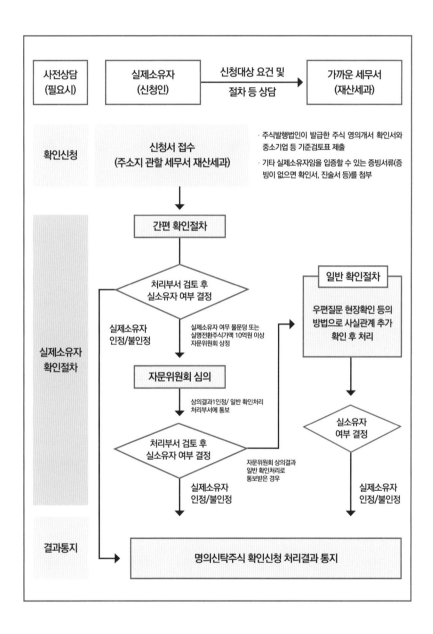

| 사전상담
(필요시) | 실제소유자
(신청인) | 신청대상 요건 및
절차 등 상담 → | 가까운 세무서
(재산세과) |

확인신청

신청서 접수
(주소지 관할 세무서 재산세과)

· 주식발행법인이 발급한 주식 명의개서 확인서와
중소기업 등 기준검토표 제출
· 기타 실제소유자임을 입증할 수 있는 증빙서류(증
빙이 없으면 확인서, 진술서 등)를 첨부

간편 확인절차

처리부서 검토 후
실소유자 여부 결정

일반 확인절차

우편질문 현장확인 등의
방법으로 사실관계 추가
확인 후 처리

실제소유자
인정/불인정

실제소유자 여부 물링딩 또는
실명전환주식가액 10억원 이상
자문위원회 상정

**실제소유자
확인절차**

자문위원회 심의

상의결과1인정/ 일반 확인처리
처리부서에 통보

처리부서 검토 후
실소유자 여부 결정

실소유자
여부 결정

자문위원회 상의결과
일반 확인처리로
통보받은 경우

실제소유자
인정/불인정

실제소유자
인정/불인정

결과통지

명의신탁주식 확인신청 처리결과 통지

04

미처분이익잉여금을 해결해야 하는 이유

미처분이익잉여금은 회사의 영업 활동 및 기타 영업과는 관련이 없는 영업 외적 손익 거래에서 생성된 이익 중 기업 내에 유보되어 있는 이익금의 누적액을 말한다.

임원 상여나 배당을 진행하지 않아 오래 쌓여 이러한 문제가 발생하는데 중소기업의 경우는 특히 차명주식으로 인한 배당의 자유롭지 못한 경우에서도 생긴다.

또 다른 문제는 회사에 현금성 자산이 없음에도 미처분이익잉여금이 많은 것이다. 미처분이익잉여금은 현금성 자산 외에 시설투자, 재고자산, 매출채권 등의 형태로 자리하고 있기 때문에 인식하지 못하는 사이 몸집을 키울 수 있다. 단편적으로 보면 이익잉여금이 많은 회사는 순자산 가치가 높기 때문에 재무구조가 좋아 투자자들로 하여금 매력적인 투자처로 보일 수 있다. 그러나 과도하게 누적되면 자녀에게 지분을 이동할 시 세금 부담이 높아진다는 특징을 가지고 있다. 중소기업의 경우 대부분 비상장법인의 형태를 띠고 있는데, 그 주식의 평가가 상속세 및 증여세법에 의하여 진행될 때 누적된 미처분이익잉여금이 순자산 가치를 높여 비상장 주식의 가치가 높게 평가되기 때문이다.

미처분이익잉여금을 정리하기 위해서는 첫째, 최근 차등배당의 이점이 많이 희석되었지만 배당으로 처리하는 방법을 적극 활용해야 한다. 이는 자본 환원 과정에서 자금 출처가 명확하고 절세효과가 크기에 미처분이익잉여금 처리와 더불어 사전증여 시 많이 활용된다. 단, 상법 462조 2항에 따라 해당 연도 내 발생한 배당가능이익 한도 내에서만 가능하다는 것을 숙지하여야 한다.

둘째, 직무발명 보상 제도를 활용하는 방법이다. 이 제도는 직원 등이 업무와 연관된 발명을 할 경우 기업이 일정한 보상을 해주는 것으로 미처분이익잉여금을 정리하거나 R&D 성과, 인재 확보 등 두루두루 활용도가 높은 방법이다.

셋째, 이익소각 방법으로 이는 기업이 자사주를 매입하여 소각하는 것으로 주주와 기업이 주식에 대한 매매계약을 체결하고 미처분이익잉여금을 지급하여 주식을 매입한 후 소각하는 방법으로 가장 많이 활용되는 방법이다.

이외에도 특허권 자본화, 대표의 급여 인상, 상여금 지급 등의 방법을 활용할 수 있지만 미처분이익잉여금의 발생 원인이 다르고 기업마다 상황이 다르기에 재무 안전성을 고려한 방법을 선택하려면 상법상의 절차도 사전에 고려하여야 한다. 그러므로 사전에 충분한 검토를 하고 전문가의 의견을 거쳐 진행하여야 소기의 목적을 달성할 수 있다.

미처분이익잉여금은 기업의 영업활동에서 생긴 순이익 중에서 임원의 상여금이나 배당 등의 형태로 사외로 유출시키지 않고 사내에 유보한 부분을 말한다.

미처분 이익은 기업의 순자산의 가치를 상승시켜 비상장주식의 가치를 높여주기 때문에 기업의 재무구조 평가에 도움이 되기도 하지만 주식 이동 시 과도한 세금이 따라오게 된다. 따라서 이익잉여금이 과도하게 쌓이지 않도록 관리하여야 가업승계 시 세무적으로 유리하다.

미처분이익잉여금의 문제점

1. 주식이동 시 고액의 양도세 부과

2. 가업승계 및 상속 시 과도한 세 부담

3. 이익잉여금 일시 처리 시 종합소득세 부담 증가

4. 기업청산 시 의제배당으로 주주별 배당소득세 부담

미처분이익잉여금 정리 방법

급여, 상여 / 배당(균등, 초과) / 퇴직금 등의 방법으로 사외유출

신규 주식배당 활용 (무상증자)

자기주식 매입

지적재산권 양수도

이익소각

장기 매출채권 대손처리

장기재고자산 손실처리

05

승계 세무의 연관관계

가업승계 세무의 핵심은

첫째, 후계자의 지배권 확보,

둘째, 원만한 세무적 절세방안과 사후관리이다.

이러한 핵심에 벗어나지 않기 위해서는 기업 가치를 평가하기 위한 주식평가와 증여세와 상속세의 메커니즘을 이해하여야 한다.

가업승계 세무 이슈 연관 관계

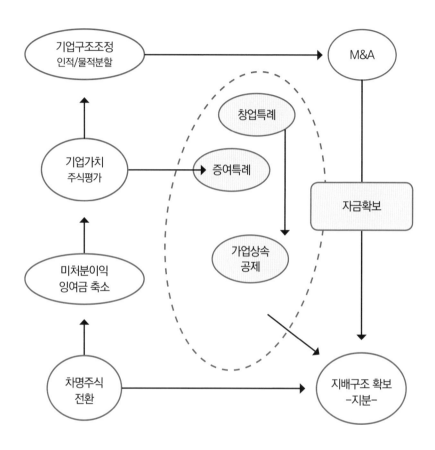

기업 가치(주식) 계산하기

기업 가치 평가란

　기업의 가치를 평가한다는 것은 주식이전과 기업 증여, 상속의 목적을 위한 방법에서 비롯된다. 즉, 기업이 양도(매매), 증여, 상속 등 특정한 상황에 따른 세액을 계산하기 위한 방법으로 주어진 상황에 따라 시간적 기준으로 과거중심, 현재중심, 미래중심에서의 잣대가 적용된다. 가업 상속 시에는 상증법상 기업 가치(1주당 가격)를 적용하게 되는데, 과거에 이루어놓은 내재적 가치의 일반화라고 설명할 수 있다. 다음의 표는 시간 중심별 적용되는 가치의 평가 방법을 제시하고 있다.

과거 중심	현재 중심	미래 중심
상속세 및 증여세 법	시장 가치법	미래현금 가치법
비상장 매매, 상속증여 시	상장사, 비상장 거래 시	Start-up 평가 시

1) 시장 가치법

시장 가치법은 현재의 상황을 중심으로 가치를 평가하는 방법이다. 시장 가치는 총 주식수 × 1주당 가격이다. 총 주식수를 10만 주, 당기순이익 10억으로 가정하면, 주당순이익(EPS)은 '10억/10만 주'로 10,000원이다. 유사 상장사 PER가 '20'이라면 시장주가가 주당순이익의 20배라는 것으로, 200,000이 된다. 그러므로 회사의 시장 가치는, 200,000원 × 100,000주로 200억이 된다. 이와 같이 비상장회사의 경우에도 유사업종의 PER를 사용해 시장 가치를 계산할 수 있다.

2) 미래현금흐름 가치법(DCF: Discount Cash Flow)

미래현금할인법은 기업의 미래를 중심으로 가치를 산정한다. 스타트업의 일생은 과거도 현재도 아닌 미래이기 때문이다. 이들의 미래 활동에서 미래 현금 흐름 예측을 근거로 할인율을 적용하여 현재가치를 산정한다. 그래서 매출, 이익 등 설득력 있는 계획이 전제된다. 공격적이고 갈등과 협상이 전제되는 가치 산정법이다.

3) 상증법상 가치 평가법

(1) 주식이전에 따른 기업 가치 평가(매매)
① 상장회사의 경우 : 평가기준일 이전·이후 각 2개월 동안 공표된 매일의 거래소 최종시세가액의 평균액
② 비상장회사의 경우 : 순손익 가치와 순자산 가치의 가중평균방식
▶ 일반법인 : (순자산 가치 × 2 + 순손익 가치 × 3) / 5
▶ 부동산 과다보유법인 : (순자산 가치 × 3 + 순손익 가치 × 2) / 5
* 순자산 가치 = 평가기준일의 직전사업년도말 (총자산−부채+영업권) /발행주식총수
* 순손익 가치 = 평가기준일이 속하는 연도의 직전사업년도 (순손익액 / 10%) / 발행주식총수

(2) 상속 또는 증여 시 기업 가치 평가
① 상장회사의 경우 : 상속 개시일(증여일)일 이전·이후 각 2개월 동

안 공표된 매일의 거래소, 최종시가의 평균액

② 비상장회사의 경우 : 순손익 가치와 순자산 가치의 가중평균방식

▶ 일반법인 : (순자산가치 × 2 + 순손익 가치 × 3) / 5

▶ 부동산 과다보유법인 : (순자산가치 × 3 + 순손익 가치 × 2) / 5

* 순자산 가치 = 평가기준일의 직전사업년도말 (총자산−부채+영업권) / 발행주식총수

* 순손익 가치 = 평가기준일이 속하는 연도의 직전사업년도 (순손익액 / 10%) / 발행주식총수

* 다만, 그 가중 평균한 금액이 순자산 가치의 80%보다 낮은 경우에는 순자산 가치를 비상장주식의 가액으로 함.(2017년 2.8 이후)

* 최대주주 할증 평가

	지분율	할증율
최대주주 지분율	50% 이상	30% (중소기업 15%)
	50% 미만	20% (중소기업 10%)

* 세법에 의한 주식평가방법은 거래의 형태와 상황에 따라 추가로 고려해야 할 법령이 있으므로 원칙을 참조하고 상황에 따른 적용은 전문가와 협의하여야 한다.

비상장주식 평가

1) 비상주식 평가 요약

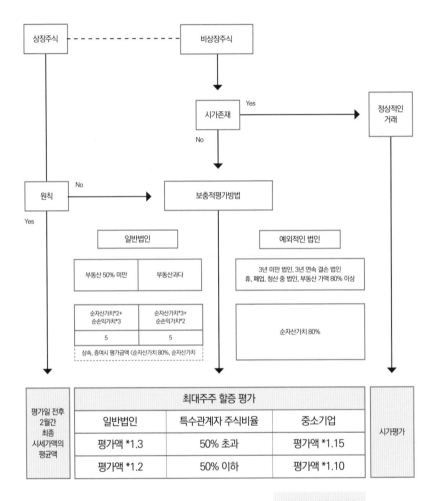

2) 중소기업 주식의 할증평가 배제

중소기업의 원활한 가업승계를 지원하기 위하여 중소기업 주식에 한해서는 상속·증여받는 경우 최대주주라도 주식가액 평가 시 할증 평가하지 않는다.
(「상속세 및 증여세법」§63③)

이 경우 '주식 할증평가에서 제외하는 중소기업'이란 「중소기업 기본법」 제2에 따른 중소기업을 말한다.

* 가업상속공제, 가업승계주식 증여세 과세특례가 적용되는 중소기업은 속세 및 증여세법상 중소기업, 창업자금의 증여세 특례가 적용되는 중소기업은 조세특례제한법상 중소기업을 말함.

3) 기업 가치를 조정하기 위한 방법

가업승계를 위해서 가업 기업의 가치를 낮추면 승계비용이 낮아진다. 비상장 중소기업의 기업 가치는 자산 가치와 수익 가치에 의해서 결정되고 그 가치에 의해 세금의 규모가 결정된다. 자산 가치를 낮추기 위해서는 무형자산의 양도, 미처분이익잉여금을 배당으로 낮추어 순자산 가치를 낮추어 주식 가치를 낮게 만들 수 있다. 또한 수익 가치를 낮추기 위해 비용 지출을 위해 승계자의 급여 및 상여금을 지출한다.

기업자산 및 비용지출 유형

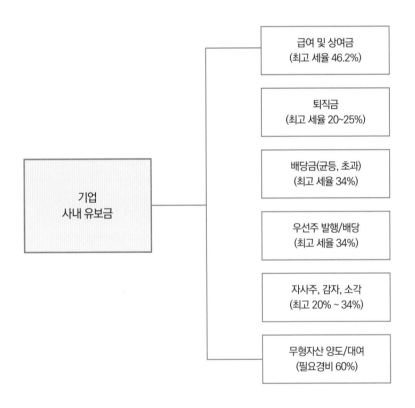

07

중소기업 가업승계 조세

1) 가업승계 세무

가업승계주식 증여세 과세특례	창업자금 증여세 과세특례
- 중소 · 중견 기업 - 가업 사전 상속 - 100억 한도 - (30억-5억) : 10% - 30억 초과분 : 20% - 2인 이상 승계 시 모두에게 특례 적용	- 18세 이상 창업자 - 창업 활성화 (투자 / 고용) - 50억 한도 (요건 충족시) - (30억-5억) : 10% - 30억~50억 : 20% - 창업자 수에 관계없이 각각에게 특례 적용
중복하여 받을 수 없다.	

2) 가업승계 세무 조세 점검 사항

(1) - 창업 후 증여는 증여특례로 보지 않는다.

    - 2회 이상 증여 받는 경우 각각을 합산하여 적용한다.

    - 가업승계와 창업증여 특례를 병행 활용 가능하다.

▶ 장남은 가업승계증여 특례, 차남은 창업자금 특례 적용받는 방안 가능 → 부모의 사망으로 상속이 개시된 경우에는 증여받은 날부터 상속 개시 일까지의 기간과 관계없이(일반 재산은 10% 이내 증여분만 과세가액 합산) 상속재산에 가산되는 증여재산으로 보아 재정산한다.

▶ 가치 상승분에 대해서는 상속재산에 가산되지 않는다.

(2) 가업승계 증여특례는 자녀 2인 이상이 가업을 승계한 경우에도 1인이 승계한 경우와 세 부담이 동일하게 맞춰지도록 증여세 계산 방법이 새롭게 만들어졌다.(2020년 2월)

(3) 가업승계에 대한 증여세 특례 적용받은 후 피상속인(증여자)의 사망으로 가업상속 공제를 적용받기 위해서는, 피상속인 요건 및 상속인 요건을 모두 갖추고, 가업승계로 증여 받은 주식 등을 처분하거나 지분율이 낮아지지 아니한 경우로서 가업에 종사하거나 대표이사로 재직하고 있는 경우에는 가업상속공제를 적용한다.

(4) 가업승계 과세특례와 창업자금 과세특례는 중복하여 적용받을 수 없고 한 가지만 선택하여 적용받을 수 있다.

3) 중소기업 가업승계 관련 조세 요약

구분	창업자금 증여특례	가업승계 증여특례	가업상속공제
관련법령	조특법 제30조의5	조특법 제30조의6	상증법 제18조의5
대상	중소기업을 창업 (사업확장, 업종추가 포함) 조특법 제6조3항의 중소기업	피상속인이 10년 이상 '가업'여건을 만족하는 중소기업 등 – '가업' : 최대주주 지분보유(50% 이상) – 중소기업등 : 조특법 제5조1항의 중소기업 및 매출액 4천억 미만의 중견기업	
증여자요건	60세 이상의 부모의 현금 (부동산 X)	1. 60세 이상의 부모 2. 10년 이상 경영자의 지분(주식 평가)	1. 가업영위기간중 50% 2. 상속직전10년중 5년 이상 3. 가업영위기간중 10년 이상 1,2,3 중 하나에 대표이사로 재직할 것
수증자요건	1. 18세 이상의 거주자 2. 2년 이내 창업 3. 4년 내 해당목적에 모두 사용해야 함	1. 18세 이상의 거주자 2. 신고기한까지 가업에 종사 3. 증여일로부터 5년 내 대표이사에 취임. 4. 자녀 2인이상 가능	상속개시일 현재 1. 만 18세 이상 2. 상속 전 2년 이상 직접 가업종사 3. 신고 6개월 이내 임원 취임, 2년 내 대자 취임
공제한도	30억 한도 100이상 신규고용 50억 30억까지 5억 공제 10%	100억 한도 30억까지 5억 공제 10% 30억 초과분은 20%	가업상속재산 전액 가업 10년 이상 200억 가업 20년 이상 300억 가업 30년 이상 500억 – 사업무관자산 제외
사후관리	실질창업 7년 이내 폐업 5년간 고용유지		사후관리 7년 – 가업용 자산 80% – 고용의무 – 상속인의 지분 유지 – 업종변경 : 대분류
상속세 합산	상속 개시 시점에 상속재산에 포함하여 정산 (증여금액의 재산 증분 분은 포함하지 않음)		

가업승계 세무의 핵심은

첫째, 후계자의 지배권 확보,
둘째, 원만한 세무적 절세방안과 사후관리이다.

08

가업승계 증여세 과세특례

중소·중견기업 경영자의 고령화에 따라 생전에 자녀에게 가업을 계획적으로 사전 상속할 수 있도록 지원하기 위하여 가업주식을 증여하는 경우 100억 원을 한도로 5억 원을 공제 후 10%, 30억 원 초과 시 20%의 저율로 증여세를 과세하고 가업주식을 증여받은 후 증여자가 사망한 경우에는 증여시기에 관계없이 상속세 과세가액에 가산하나, 상속개시일 현재 가업상속 요건을 모두 갖춘 경우에는 가업상속공제도 적용받을 수 있다.(조세특례제한법 §30의6)

〈표 : 가업승계 증여세 과세특례 제도개요〉

1) 가업승계 증여세 과세특례 적용요건

가업승계 증여세 과세특례는 다음 요건을 모두 충족하여야 가능하다.

〈표 : 가업승계 증여세 과세특례 적용요건〉

2) 가업승계 증여세 과세특례 신고서 제출

증여세 신고기한까지 과세표준 신고서와 함께 '주식 등 특례신청서'를 납세지 관할세무서장에게 제출하여야 하며, 신고기한까지 신청하지 아니하면 과세특례를 적용받을 수 없다.

 - 증여세 신고서(창업자금 및 가업승계주식 등 특례세율 적용 증여재산 신고용)
 - 가업승계 주식 등 증여재산평가 및 과세가액 계산명세서

3) 가업승계 주식 증여 후 사후의무요건

가업승계 증여세 과세특례를 적용받았다 하더라도 수증자가 증여일 이후에 정당한 사유 없이 세법에서 정한 사후의무요건을 이행하지 아니한 경우에는 증여세가 부과된다.

〈표 : 가업승계 증여세 과세특례 적용요건〉

요건	기준	상세내역
가업	계속 경영 기업	증여자가 10년 이상 계속하여 경영한 기업
	중소기업	증여일이 속하는 소득세 과세기간 또는 법인세 사업연도의 직전 과세기간 또는 사업연도 말 현재 아래 따른 요건을 모두 갖춘 기업 – 상증령 별표에 따른 가업상속공제 적용 업종을 주된 사업으로 영위 – 조특령 ① 1,3호 요건(중소기업기본법상 매출액, 독립성 기준)을 충족 – 자산총액 5천억원 미만
	중견기업	증여일이 속하는 소득세 과세기간 또는 법인세 사업연도의 직전 과세기간 또는 사업연도 말 현재 비고에 따른 요건을 모두 갖춘 기업 – 상증령 별표에 따른 가업상속공제 적용 업종을 주된 사업으로 영위 – 조특령 ③ 1,3호 요건(중견기업 성장촉진 및 경쟁력 강화에 관한 특별법 시행령 ② 1호, 독립성 기준)을 충족 – 증여일의 직전 3개 소득세 과세기간 또는 법인세 사업연도의 매출액*의 평균금액이 3천억원 미만 * 기업회계기준에 따라 작성한 손익계산서상의 매출액
수증자	연령	18세 이상 거주인 자녀
	가업종사	신고기한까지 가업 종사, 증여일로부터 5년 이내 대표이사 취임
증여자	연령	60세 이상인 수증자의 부모
	주식보유기준	증여자 포함한 최대주주 등 지분 50%(상장법인은 30%)이상을 10년 이상 계속하여 보유
증여물건	주식	가업법인의 주식 또는 출자지분 증여

– 사후관리기간 : 7년

– (가업종사) 증여세 과세표준 신고기한까지 가업에 종사하고 증여일로부터 5년 이내에 대표이사로 취임하고 7년까지 대표이사를 유지하여야 함

– (가업유지) 1년 이상 해당 가업을 휴업하거나 폐업하지 않고 주된 업종을 변경하지 않아야 함

단, 중분류 내에서 업종을 변경하는 경우와 평가심의위원회 심의를 거쳐 중분류 외 변경 허용

– (지분유지) 해당 수증자의 지분이 감소하지 않아야 함

〈표 : 가업승계 증여세 과세특례 제도개요〉

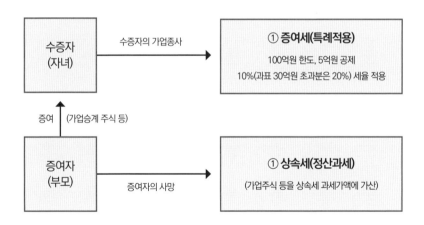

09

중소기업 가업상속공제

거주자인 피상속인이 생전에 10년 이상 영위한 중소기업 등을 상속인에게 정상적으로 승계한 경우에 최대 500억 원까지 상속공제를 하여 가업승계에 따른 상속세 부담을 크게 경감시켜 주는 제도를 말한다. (「상속세 및 증여세법」 §18②)

1) 공제금액 및 한도

(1) (공제금액) 가업상속재산의 100%

(2) (공제한도)

피상속인이 10년 이상 경영 : 200억 원

피상속인이 20년 이상 경영 : 300억 원

피상속인이 30년 이상 경영 : 500억 원

2) 가업상속공제 적용요건

가업상속공제 제도는 요건을 모두 충족하여야 가능하다.

〈표 : 가업상속공제 적용요건〉

3) 가업상속공제 신고서 제출

가업상속공제를 신청하고자 하는 자는 상속세 과세표준신고서와 함께 아래 서류를 납세지 관할 세무서장에게 제출하여야 한다.

 − 가업상속공제신고서(중소기업기준 검토표 포함)

 − 가업상속재산명세서

 − 가업용 자산 명세

 − 가업상속재산이 주식 또는 출자지분인 경우에는 해당 주식 또는 출자지분을 발행한 법인의 상속개시일 현재와 직전 10년간의 사업연도의 주주현황

－ 기타 상속인이 당해 가업에 직접 종사한 사실을 증명할 수 있는 서류

－ 가업상속공제 후 사후의무요건

－ 가업상속공제를 적용받았다 하더라도 가업상속인이 상속개시 이후에 정당한 사유 없이 세법에서 정한 사후의무요건을 이행하지 아니한 경우에는 상속세가 부과된다.(「상속세 및 증여세법」§18⑥)

4) 사후관리기간 : 7년 (2019.12.31. 이전 10년)

① (가업종사) 해당 상속인이 가업에 종사

② (지분유지) 해당 상속인의 지분이 감소하지 않아야 함

③ (가업유지) 상속 후 7년간 가업용 자산의 20%(5년 이내는 10%) 이상 처분금지, 1년 이상 해당 가업을 휴업하거나 폐업하지 않고 주된 업종을 변경하지 않아야 함. 단, 중분류 내에서 업종을 변경하는 경우와 평가심의위원회 심의를 거쳐 중분류 외 변경 허용

④ (고용확대) 상속 후 7년간 정규직 근로자 평균이 상속 전 근로자 수의 100% 이상 또는 상속 후 7년간 총 급여액의 전체평균이 기준총급여액 이상(7년 후)

＋각 사업연도 말 정규직 근로자 평균인원 기준연도의 80% 이상 또는 각 사업년도 말 총급여액이 기준총급여액의 80% 이상(매년 판단)

〈표 : 가업상속공제 적용요건〉

요건	기준	상세내역
가업	계속 경영 기업	피상속인이 10년 이상 계속하여 경영한 기업
	중소기업	증여일이 속하는 소득세 과세기간 또는 법인세 사업연도의 직전 과세기간 또는 사업연도 말 현재 아래 따른 요건을 모두 갖춘 기업 – 상증령 별표에 따른 가업상속공제 적용 업종을 주된 사업으로 영위 – 조특령 §2① 1,3호 요건(중소기업기본법상 매출액, 독립성 기준)을 충족 – 자산총액 5천억원 미만
	중견기업	증여일이 속하는 소득세 과세기간 또는 법인세 사업연도의 직전 과세기간 또는 사업연도 말 현재 비고에 따른 요건을 모두 갖춘 기업 – 상증령 별표에 따른 가업상속공제 적용 업종을 주된 사업으로 영위 – 조특령 §9③ 1,3호 요건(중견기업 성장촉진 및 경쟁력 강화에 관한 특별법 시행령 ② 1호, 독립성 기준)을 충족 – 증여일의 직전 3개 소득세 과세기간 또는 법인세 사업연도의 매출액*의 평균금액이 3천억원 미만 * 기업회계기준에 따라 작성한 손익계산서상의 매출액
피상속인	주식보유기준	피상속인을 포함한 최대주주 등 지분 50%(상장법인은 30%)이상을 10년 이상 계속하여 보유
	대표이사 재직요건 (3가지 중 1가지 충족)	가업영위기간의 50% 이상 재직
		10년 이상의 기간(상속인의 피상속인의 대표이사등의 직을 승계하여 승계한 날부터 상속개시일까지 계속 재직한 경우)
		상속개시일부터 소급하여 10년중 5년 이상의 기간

상속인	연령	18세 이상
	가업종사	상속개시일 전 2년 이상 가업에 종사 〈예외규정〉 – 피상속인이 65세 이전에 사망 – 피상속인 천재지변 및 인재 등으로 사망 ＊상속개시일 2년 전부터 가업에 종사한 경우로서 병역·질병 등의 사유로 가업에 종사하지 못한 기간은 가업에 종사한 기간으로 봄
	취임기준	신고기한까지 임원취임 및 신고기한부터 2년이내 대표이사취임
	납부능력	가업이 중견기업에 해당하는 경우, 가업상속재산 외에 상속재산의 가액이 해당 상속인이 상속세로 납부할 금액에 2배를 초과하지 않을 것
	배우자	상속인의 배우자가 요건 충족 시 상속인요건 충족으로 봄

[가업상속의 연부연납 특례] – 세목, 연부연납기간 포함(2008.1.1. 이후 상속·증여 분) 가업상속재산에 대한 상속세는 거치기간 포함 최장 20년으로 일반상속재산의 연부연납기간보다 더 장기적으로 운영하여 가업승계를 지원하고 있다. (「상속세 및 증여세법」 §71조)

세목			연부연납기간 (2008.1.1. 이후 상속, 증여분)
상속세	가업상속재산	50% 미만	10년간 분할납부(3년 거치 가능)
		50% 이상	20년간 분할납부(5년 거치 가능)
	일반상속재산		5년간 분할납부(거치기간 없음)
증여세			5년간 분할납부(거치기간 없음)

10

창업자금 증여특례

창업 활성화를 통화여 투자와 고용을 창출하고 경제 활력을 도모하기 위해 중소기업 창업자금에 대해서는 30억 원(10명 이상 신규 고용하는 경우 50억 원)을 한도로 5억 원을 공제하고 10%의 저율로 증여세를 과세하고 증여자가 사망한 경우에는 증여시기에 관계없이 상속세 과세가액에 가산하여 상속세로 정산하는 제도이다.(조세특례제한법 §30의5)

〈표 : 창업자금 증여세 과세특례 제도개요〉

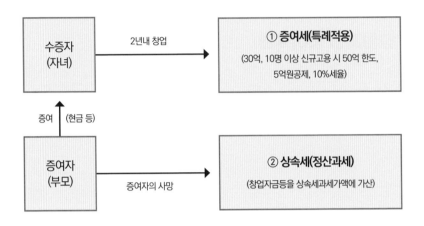

1) 창업자금 증여세 과세특례 적용요건

창업자금 증여세 과세특례는 아래 요건을 모두 충족하여야 가능하다.

(1) 수증자 : 18세 이상 거주자인 자녀

(2) 증여자 : 60세 이상인 수증자의 부모

(3) 증여물건 : 양도소득세 과세대상이 아닌 재산(현금과 예금, 소액주주 상장주식, 국공채나 회사채와 같은 채권 등)

(4) 중소기업 창업 2년 이내에 조특법§6③에 따른 중소기업을 창업

〈표 : 창업자금 증여세 과세특례 적용요건〉

요건	상세내역
수증자	18세 이상 거주자인 자녀
증여자	60세 이상인 수증자의 부모
증여물건	양도소득세 과세대상이 아닌 재산(현금과 예금, 소액주주 상장주식, 국공채나 회사채와 같은 채권 등) * 양도소득세 과세대상(소득세법 제94조 제1항) 토지 또는 건물, 부동산에 관한 권리(부동산을 취득할 수 있는 권리, 지상권, 전세권과 등기된 부동산 임차권), 주식 또는 출자지분(주권상장법인 소액주주 제외), 기타자산(사업용 고정자산과 함께 양도하는 영업권, 시설물 이용권 등)
중소기업 창업	2년 이내에 조특법 6③에 따른 중소기업을 창업 * 창업중소기업 등에 해당하는 업종(조특법 제6조제3항) 광업, 제조업, 수도, 하수 및 폐기물 처리, 원료 재생업, 건설업, 통신판매업, 물류산업, 음식점업, 정보통신업 등

* 다음 어느 하나에 해당하는 경우는 창업에서 제외

① 합병 · 분할 · 현물출자 또는 사업의 양수를 통하여 종전의 사업을 승계하거나 종전의 사업에 사용되던 자산을 인수 또는 매입하여 같은 종류의 사업을 하는 경우

② 거주자가 하던 사업을 법인으로 전환하여 새로운 법인을 설립하는 경우

③ 폐업 후 사업을 다시 개시하여 폐업 전의 사업과 같은 종류의 사업을 하는 경우

④ 사업을 확장하거나 다른 업종을 추가하는 등 새로운 사업을 최초로 개시하는 것으로 보기 곤란한 경우, 그밖에 이와 유사한 것으로서 대통령령으로 정하는 경우

2) 창업자금 증여세 과세특례 신고서 제출

증여세 신고기한까지 과세표준 신고서와 함께 '창업자금 특례신청 및 사용내역서'를 납세지 관할세무서장에게 제출하여야 하며, 신고기한까지 신청하지 아니하면 과세특례를 적용받을 수 없다.

– 증여세 신고서(창업자금 및 가업승계주식 등 특례세율 적용 증여재산 신고용)
– 창업자금 증여재산평가 및 과세가액 계산명세서
– 신규 고용명세서(10명 이상 신규 고용한 경우)

3) 창업자금 과세특례 후 사후의무요건

창업자금 증여세 과세특례를 적용받았다 하더라도 수증자가 증여일

이후에 정당한 사유 없이 세법에서 정한 사후의무요건을 이행하지 아니한 경우에는 증여세가 부과된다.

2년 이내 창업하지 아니한 경우, 창업자금을 증여받은 후 4년 이내 해당목적에 미사용 하는 경우, 증여받은 후 10년 이내 창업자금을 해당 사업용도 외 사용하는 경우 등이다.

가업승계와 조세 실행 흐름 (2022. 2 개정 후)

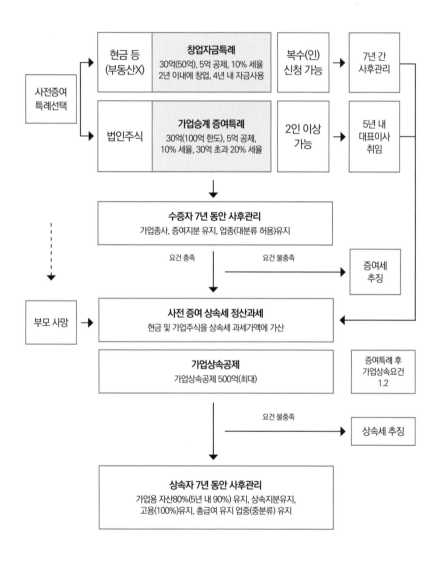

가업승계의 실무에서
첫 단계는 기업의 현황을 분석하는 것이다.

현재 승계 단계의 위치와 승계자와
후계자의 역할과 포지션, 그리고 증여 재산을
평가하는 것으로 시작한다.

SUCCESSION

PART 5

성공적인
승계를 위한 계획

01

가업승계를 위한 플랜(Plan)

Plan is nothing, but Planning is everything

지난 10월 초 가을맞이로 오랜만에 친구들과 가을 마중 차 들놀이를 가고 있었다. 옥빛 하늘 아래 붉어진 가슴팍을 드러내고 있는 가을 산모롱이에 빠져들 때… 낯선 번호의 전화벨이 울렸다. 망설임 끝에 받은 전화 속 목소리는 다급한 어조였다. 가족의 가업 문제로 조언을 부탁하고 싶어서 지인으로부터 소개 받았다고 했다. 순간 파란 하늘에 큰 구름이 덮여오는 듯했고, 이 생각 저 생각으로 들놀이 점수는 백팔번뇌로 아스라했다. 이틀 후 가족 간의 갈등으로 열린 가족회의에서 나는 중립국 감시단 같은 포지션을 하며, 현황 파악, 증여·상속 문제, 그리고 가업승계 프로세스를 설명하고 있었다. 그리고 말했다. 선입견과 편견을 버리고 중도를 지켜 가족 간의 갈등을 해소하고, 현 시점의 회사 현황을 객관적으로 파악한 후 지속가능한 경영여부를 판단하겠다고. 플래닝(Planning)의 시작이었다.

왜 많은 중소기업의 가업승계가 원활하지 않을까?

가업승계의 큰 어려움으로 세금의 문제, 즉 상속·증여세 문제를 첫 번째로 뽑고 있다. 지난 2017년 중소기업 중앙회의 가업승계 실태조사에서도 가업승계의 애로요인으로 조세부담이 67.8%로 가장 높았다. 물론 물질적 자산인 돈의 문제가 중요하지만 세금 문제가 해결되었다고 순탄한 승계가 보장되지는 않는다. 대를 이어 지속적으로 성장하려면 세금문제 이외에도 경영자들이 해결해야 할 과제가 많다. 가족 간의 갈등, 후계자의 역량구축, 지배구조구축을 위한 증여, 상속문제, 임직원과의 화합을 위한 리더십, 환경변화에 따른 기업의 유연성과 조직 내 협력 문화 등 경영자들이 간과하고 있는 난제가 도사리고 있다. 그러므로 성공적인 승계를 위해서는 장기적인 안목을 가지고 체계적으로 준비하는 마스터플랜을 수립하여야 한다.

가업승계의 범주

가업은 가족, 기업, 소유권이라는 3개의 독립적인 시스템이 서로 겹쳐 하나의 복잡한 시스템을 이룬다. 하버드대학의 레나토 다쿼리 교수는 이 시스템을 '가족기업의 3차원 모델'이라고 한다. 이 모델을 이해하면 각 시스템에 속한 사람들이 자신의 위치에 따라 어떤 역할을 해야 하는지, 승계에 무엇을 준비해야 하는지를 이해할 수 있다.

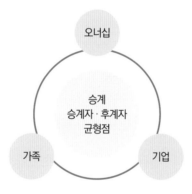

창업자는 3차원 시스템의 중심에 있다. 그들은 가족에서는 가장이며, 오너십 측면에서는 최대주주이고, 기업에서는 최고경영자 역할을 한다.

예를 들어 한 창업자가 4명의 자녀를 두고 있을 때, 사전 협의 없이 누군가가 주도권을 가지려고 한다면 가족 간의 갈등이 생기기 마련이다. 가족 갈등은 가족 관계를 해칠 뿐만 아니라 최악의 경우 승계에 실패해 기업이 문을 닫기도 한다. 국내 1위 종자기술을 보유했던 농우바이오의

케이스가 그러하다.

3개의 요소를 모두 고려하는 마스터플랜

지속가능한 기업으로 승계를 이루려면 가족, 오너십, 기업이라는 3개의 요소를 유기적으로 고려한 마스터플랜을 세워야 한다. 가족화합이라는 커다란 틀을 세우고 세금문제나 소유권 구조, 그리고 승계자의 역량을 감안한 커다란 범주를 그려야 한다.

첫째, 가업승계의 궁극적인 지향점은 기업의 지속가능경영이고 성장이다. 기업의 라이프사이클 관점에서 기업이 생존할 수 있도록 전략을 세우고 가지고 있는 기업의 역량으로 변화하는 생태계에서 유연하고 혁신할 수 있는 기업의 DNA를 유지 발전시켜야 한다. 또한 이러한 조직을 이끌고 기업문화를 가꿀 후계자의 역량을 장기적인 안목으로 로드맵을 작성하여야 한다.

둘째, 가족 차원에서 가족의 화합이 무너지지 않고 유지할 수 있도록 명확한 가이드 라인를 준비하고 합의하여야 한다. 가족들의 원활한 의사소통을 위한 정례적인 가족회의(가족위원회)는 가족과의 갈등을 예방하고 화합하는 장이 될 수 있다.

셋째, 오너십을 유지하기 위한 지배구조에 대한 준비이다. 증여, 상속을 통한 세금계획을 꼼꼼히 수립하여야 한다. 장기적인 준비와 상황 여건에 따라 수정·보완할 수 있는 종합 대책을 수립하여야 당황하지 않을 수 있다. 가업승계는 오직 한 번만 할 수 있는 이벤트이다. 연습도 실패를 통한 지혜도 존재하지 않는 창업자의 완성품이어야 한다. 그래서 3개 차원의 큰 범주를 그리고 그 안에 존재하여 상호 유기적으로 관계하는 여러 가지 요소를 포함한 장기적인 계획을 세우고 하나하나 밟아나아가야 하는 것이다.

求存同異

(구존동이)

"서로 의견이 다르면 미뤄두고, 의견을 같이하는 분야부터 우선 추구한다."는 말이다. 중국의 정치가 주은래가 한 말에서 유래되었다고 한다.

승계의 실행은 선입견과 편견 없이 현상을 보아야 하기에 철인 경기하듯 인내와 체력이 필요하다. 구존동이라는 말을 새겨가며 현황을 찾아가야 한다. 불편하더라도 창업자는 후계구도를 미리미리 정하고 사전에 충분한 시간을 갖고 준비하여야 실수가 없다.

비 오기 전에 우산을 준비해야 한다.

모든 일이 아직 생기기 전에 처리하는 것,

혼란스럽기 전에 다스리는 것을 無爲라 한다.

그것을 無爲而無不爲(애쓰지 않아도 안 되는 것이 없다)라 한다.

02

가업승계 준비 절차

기업의 상속조건은 크게 세 가지로 볼 수 있다. 먼저 자녀가 부친이 일 궈온 기술력, 영업력을 물려받을 수 있는 역량을 갖추어야 하며 다음으로 후계자에게 가업승계에 따른 경영권 확보해주는 여건과 제도를 마련해주어야 하며 마지막으로 가업승계를 위한 세금 재원을 미리 확보해두고 있어야 한다. 하지만 우리나라의 경우 기업의 역사가 오래된 독일, 일본, 유럽의 기업처럼 가업승계의 경험이 별로 없어 기업 CEO들 대부분이 가업승계에 대한 인식부족과 두려움을 가지고 있다. 다음의 표는 가업승계와 관련하여 일련의 절차를 보여준다.

지속적인 모니터링

회사 가치 평가 (현재 – 미래)	→	지배구조 시뮬레이션	→	지분이동 Plan	→	상속세 준비
가치 관리		증여특례 주식양도		창업특례, 감자 분할/합병		유동성 준비

이러한 상황은 약 80%에 달하는 중소기업이 상속/증여세 등 조세부담과 복잡한 지분구조의 정리, 엄격한 가업승계 요건의 충족 등을 이유로 가업승계 계획을 세우지 않거나 미뤄두고 있다는 중소, 중견기업 실태조사를 봐도 알 수 있다.

물론 우리나라 상속/증여세는 세계 어느 나라보다 높은 것은 사실이다. 이는 상속이 아닌 유산으로 보고 있기에 기인하는 것으로 100억 원을 자녀 4명에게 상속할 경우 4명의 자녀가 받을 25억 원에 대해 개별적 세금인 1인당 3억 6,000만 원으로 세금을 계산하는 것이 아니라 전체 100억 원을 과세표준으로 해서 총 세금 45억 6,000만 원에 대하여 1인당 약 11억 원의 세금을 내는 계산방식인 것이다. 더욱이 우리나라 가업승계 상속세율은 그 금액이 10억 원을 초과하는 순간 40%이며, 30억 원을 초과하게 되면 50%의 세율을 적용받게 된다.

그러다 보니 가업승계 시 가장 걸림돌은 상속세인 것이다. 또한, 대부분이 비상장기업인 중소기업의 경우 주식의 가치를 정확하게 평가하기 어렵고, 주식을 상속받은 자녀가 그 즉시 주식을 양도하지 않아도 50%의 세금이 부과될 수 있기에 가업승계를 어렵게 하고 있다. 결과적으로 준비 없는 가업승계는 기업에 큰 어려움을 줄 수밖에 없다.

그럼에도 국내 세법은 상속과세를 더욱 강화하고 있으며, 지주사 전환 등을 통한 지배구조 합리화는 중소/중견기업을 더욱 어렵게 만들고 있다. 따라서 충분한 시간과 여력을 갖추고 여러 방법을 통해 미리 가업승계를 대비하는 노력이 필요하다.

만일 전문가의 도움을 통해 가업승계에 대한 철저한 사전준비를 해놓는다면 얼마든지 창업주가 피땀으로 일궈놓은 부와 기술, 기업 가치와 경쟁력도 승계할 수 있는 방법이 있다. 물론 기업을 물려주는 것이기에 하루아침에 바로 가업을 승계하는 것이 아니라 미리 계획을 세워 가업승계에 필요한 준비를 하나씩 실행해야 한다.

가업승계를 위한 체크 리스트

1. 가업승계제도	1. 증여특례제도 2. 창업특례제도 3. 가업상속공제	1. 증여특례 요건 검토 2. 창업특례 사후관리 3. 가업상속 공제 실익검토
2. 기업 가치 관리	1. 비상장주식 가치 평가 2. 주식 가치 절감방안 3. 후계자 지분확보 방안	1. 비사업용 자산 축소 2. 기업분할/합병 검토 3. 지주회사 설립 검토
3. 후계자 재원	1. 법인설립(창업) 운용 2. 우선주 발행 3. 지분 증여 및 감자	1. 사업기회 / 세무Risk관리 2. 우선주 배당 3. 임대소득, 가수금 활용

주요 이슈 도출과 같이 고려하여야 하는 세 가지 체크 포인트

첫째, 주식정리. 중소기업 특성상 대부분 비상장주식이 많기에 비상장 주식 평가를 통해 낮게 평가되는 시점을 활용하여 사전증여를 하는 방법이 있다. 최근 기업 CEO들이 관심을 갖고 있는 특허 자본화, 직무발명보상제도, 차등배당 등의 솔루션이 활용될 수 있다.

둘째, 정부의 각종 지원혜택 활용. 정부는 최대 500억 원까지 상속공제로 가업승계에 따른 상속세 부담을 크게 줄여주고 있으며 가업영위 기간에 따라 공제한도에 차이를 두면서 지속적인 기업 활동을 지원하고 있는 가업상속공제제도를 시행하고 있다. 아울러 현재 CEO(부모)가 은퇴또는 일선에서 물러나면서 자녀에게 기업을 물려줄 때 활용할 수 있는

'증여세 과세특례제도'가 있으며 창업자금, 증여세 과세특례제도, 중소기업 최대주주 등 주식할증평가 배제특례, 가업승계에 대한 상속세 연부연납 등의 방법도 있다. 물론 이러한 정부지원제도는 갖추어야 할 요건도 존재하기에 세심하게 검토한 후 실행해야 한다.

셋째, 신설법인을 통한 가업승계. 이는 승계 대상자를 중심으로 지배구조를 가진 신설법인을 설립해서 성장시킨 후 가업승계를 하는 방법으로 기업 지배구조 개선을 활용할 수 있을 경우 제조업이라면 기존 사업 양수도를 통해, 유통 및 서비스업의 경우 일부 매출을 이전할 수 있어 까다로운 가업상속공제의 사후관리를 벗어날 수 있으며 세금 절감효과까지 얻을 수 있다. 하지만 위의 방법을 사용하기에 앞서 고려할 사항으로는 가업승계는 소유권과 경영권을 모두 이전하는 것이므로 경영권 확보 장치가 필요하다. 또한, 사전에 가업승계 시점에서 발생하는 가업승계 관련 세금의 자금을 미리 확보해두는 것이 중요하다.

가업승계 로드맵 준비 절차와 예시

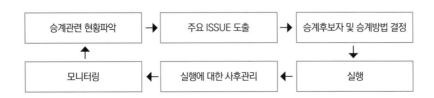

가업승계의 전략적 첫 단추는 기업의 현황을 파악하는 것이다. 아래의 표는 가업승계를 위한 진행과정을 보여준다. 가업승계 대상 기업의 주요 이슈를 파악하여 도출하고 승계후보자를 결정하여 승계 방법을 도출한다. 가업승계의 방법으로 증여, 상속제도, 중소기업을 위한 가업승계 특례제도, 그리고 지분확보를 위한 양수도, 분할, 합병 등의 제도를 활용한다.

〈가업승계 로드맵 예시〉

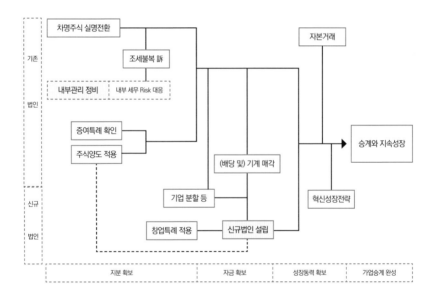

03

승계를 위한 자금 확보 방안

1) 우선주 발행 후 배당

우선주는 종류 주식에 해당된다. 종류주식은 이익배당, 잔여재산 분배, 의결권행사 등에 관해 내용이 서로 다른 주식을 담고 있는 주식을 말하며, 정관에 내용과 그 수를 정해야 한다(상법 제 344조 1항, 2항). 즉, 이익의 배당 또는 잔여재산 분배에 관해 다른 주식에 우선하여 배당을 받을 수 있는 주식이다. 보통주보다 더 많이 배당 받는다는 의미가 아니라 우선하여 배당을 받는다는 의미이다.

일반적으로 의결권이 없는 경우가 많으며, 배당이 실시되지 아니할 경우 의결권이 주어지는 경우도 많다. 우선주는 정관에 발행 가능 여부, 발행조건 등이 규정되어야 하며, 발행주식 총수의 1/4을 초과해서 발행 불가하다. 단, 상장회사의 경우 발행주식 총수의 1/2까지로 완화하고 있다. 2021년부터 보통주 초과배당이 원활하지 않은 상황에서, 초과배당에 대한 대안으로 활용한다.

* 의결권 없는 우선주식은 가업상속공제 적용 불가. (법규과 1088, 2014.10.14.)

사례

아모레G가 전환우선주를 발행했다. 아모레G 측은 기업지배구조를 강화하기 위한 것이라고 설명했으나, 증권가에서는 서경배 회장 일가의 승계 구도 강화를 위한 것이라고 분석했다. '승계를 위한 포석'이라는 것이다. 아모레G가 이미 보유한 현금성 자산을 통해 자회사 '아모레퍼시픽' 지분의 추가 확보가 가능했다고 한다. 만약 서경배 회장이 향후 보유하게 될 신형우선주의 전량(374만977주)을 서민정 씨에게 증여한다고 가정하면, 서민정 씨는 증여 받은 주식의 50%를 증여세 명목으로 현물납부 한 뒤 187만489주를 보유하게 될 수 있게 된다. 이 주식이 10년 후에 보통주로 전환된다면, 서민정씨의 아모레G 지분율은 기존보다 1.95%포인트 상승하게 된다.

– "아모레G 전환우선주 발행...證 승계가 중론", 〈헤럴드경제〉 2019년 10월 11일.

2) 증여 후 감자

승계자의 법인 주식을 가족에게 증여한 후, 증여 받은 법인 주식 중 일부를 유상 감자하여 현금화하는 방식이다. 주의할 점은 저가, 고가에 의한 불균등 감자 시에는 증여세가 과세될 수 있다는 것이다. 감자대가와 주식 취득가액이 같으면, 감자 시 의제배당 소득세 과세가 안 되기 때문에 조세 효과가 있다.

활용 Flow

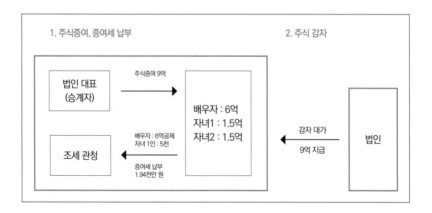

* 활용 가능 자금

    6억 + (1.5억 × 2) − 증여세 1,940만 = 8억 8,060만 원 현금 확보

감자는 회사의 자본(자본금)을 감소시키는 것을 말한다. 감자를 실시하려면 주주총회 특별결의 등의 절차를 따라야 한다.

감자에 따른 세금

증여세 : 시가 감자 또는 균등 감자의 경우 증여세 과세 문제가 없다. 단, 저가(고가), 불균등 감자 시 증여세 과세될 수 있다.

소득세 : 의제배당금액(감자대가−주식취득가액)에 대한 소득세가 과세된다.

*주식취득가액 : 수회에 걸쳐 취득한 경우에는 평균가액

〈지분 증여 및 감자〉

* 회사의 유동성을 활용하여 증여세 자금을 마련하고, 후계자의 지분을 확보하는 방법

1. 대표자의 보유주식 자녀에게 증여
2. 증여받은 주식을 유상감자하여 현금 확보
3. 유상 감자하여 확보한 현금으로 증여세 납부한다.

*법인이 현금이 있어야 한다.

148,404

주주	주식수	지분율	평가액	증여	증여 후		증여		감자	감자 후		
				주식수	주식수	지분율	금액	증여세	주식수	주식수	지분율	평가액
회장	135,000	90.0%	20,034,540,000	-120,000	15,000	10.0%			0	15,000	16.7%	2,226,060,000
배우자	15,000	10.0%	2,226,060,000	-	15,000	10.0%			0	15,000	16.7%	2,226,060,000
子	0	0.0%	0	120,000	120,000	80.0%	17,808,480,000	8,404,240,000	-60,000	60,000	66.7%	8,904,240,000
계	150,000	100.0%	22,260,600,000		150,000	100.0%				90,000	100.0%	13,356,360,000

*2021년 말 주당 평가액   @148,404   *감자대가 :   8,904,240,000

후계자 지분 ZERO	→지분증여	후계자 지분 확보/증여세 발생	→시가감자 법인자산 유동화	감자 대가로 증여세 납부/지분확보

〈감자에 따른 소득세와 증여세〉

구분	시가 감자		고가 감자		저가 감자	
	균등	불균등	균등	불균등	균등	불균등
배당소득세 과세	*의제 배당액에 대한 과세					
	**의제 배당액 = 감자 대가 – 주식취득가액					
	***주식취득가액 = 수회에 걸쳐 취득한 경우 평균가액					
증여세 과세	X	X	X	과세	X	과세

*시가감자는 균등/불균등 증여세 없음.
*고가/저가 감자 시 : 불균등 감자에만 증여세 과세 함.

04

후계자의 지분 확보 방안

1) 증여, 상속, 양도, 자사주 매입 소각/감자 등의 방법을 활용한다.

2) 후계자가 신규법인을 창업 후 후계자의 지분을 확보한다.

3) 기업분할 등 자본거래를 활용하여 승계자의 가업을 인수합병한다.

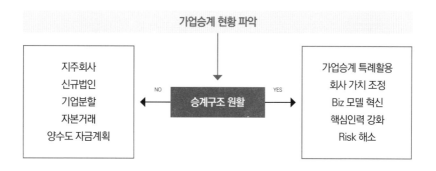

양도를 선택할 경우 이로운 점

1) 양도된 주식은 증여나 상속으로 이전된 것이 아니므로 '유류분 청구' 대상이 아니다.

2) 그러나 유류분 청구에 따라 다른 상속인에게 반환할 경우, 당초 반환대상인 주식이 아니라 현금에 의한 경우에는 양도소득세를 부과한다. 단, 부득이 현금으로 반환될 수밖에 없다는 것을 과세 당국에 입증하면 양도소득세를 피할 수 있다.

3) 양도세는 주식을 보유한 대주주(부모)가 납부하는 세금이다.

* 양도대금을 미지급한 상태에서 채권이 상속되는 문제 발생.

→ 이때 세금을 납부하고 채권 원금을 상환하기 위해 급여, 상여, 배당 등의 소득을 회사로부터 지급받으면, 최고 38% 가량의 세금을 납부해야 하는 단점이 있다.

기업분할의 개념

1) 인적분할은 기업을 분리할 때 신설법인의 주식을 모회사의 주주에게 같은 비율로 배분하는 분할 방식이다. 분할 초기에는 신설법인과 모회사의 주주가 동일하지만 향후 주식 거래 등을 통해 지분구조가 달라지면서 독립된 형태를 띠게 된다. 모회사에서 신설법인을 병렬 구조로 나

누는 수평적 분할법이다.

2) 물적분할은 기업을 분리할 때 신설법인의 주식을 모두 모회사가 보유하는 분할 방식이다. 모회사는 신설법인으로 분리할 사업부를 자회사 형태로 보유해 자회사에 대한 지배권을 계속 유지하게 된다. 수직적 분할법이다.

후계자의 지분 확보 방법

구분	핵심 요소	조세	비고
증여	- 회사의 가치 평가 - 자금 준비 - 증여특례 활용	- 증여세	- 창업특례 (30억~50억)
주식양도	- 양도계약(서) - 양도 가격 - 양수대금 준비	- 양도소득세 (양도인 납부)	- 분할지급
자본거래	- 신규법인 창업 - 분할/합병		- 창업특례
M&A, 청산	- 처분/청산	- 법인세 - 소득세	
상속	- 가업상속공제	- 상속세	- 500억

후계자의 가업승계를 위한 자본거래 유형_기업분할, 회사 간 합병

〈고수익 · 고성장 사업의 분리 후 승계의 예〉

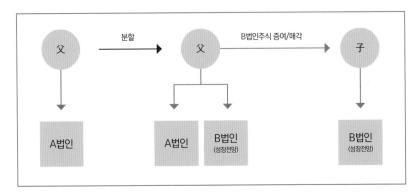

– 수익성 및 성장성은 매우 높으나 그 자산가치가 낮은 사업을 상법상 회사분할의 방법을 통해 기존
 회사로부터 분리하여 별도 법인으로 설립
– 분할 법인을 자식에게 증여 혹은 양도하는 방안 고려

〈회사 간 합병의 예〉

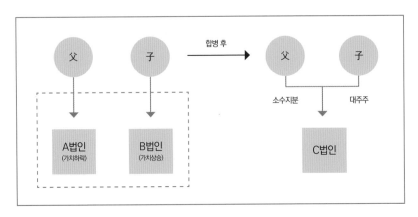

– 고수익 고성장 사업이 일정규모가 되면 부모운영 회사와 합병
– 부모법인 가치 극소화, 신규법인 가치 극대화를 통해 합병이익의 자녀귀속

05

가업승계와 지속가능 경영

전 세계에 국가 간의 경계가 사라지고 있다. 기업 간의 경계도 분명한 선이 사라지고 있다. 급변하는 기업 환경은 기업으로 하여금 끊임없는 변화와 혁신을 요구하고 있는 것이다. 기업이 추구하는 궁극적인 목적은 성장을 이루어 이익을 만들어내고 고용 창출을 통하여 경제적, 사회적, 환경적 책임에 기여하여 계속 기업으로서의 가능성을 추구하는 데 있기 때문이다.

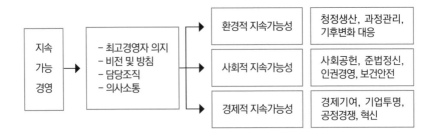

* 출처: 지속가능발전기업협의회(KBCSD)연구보고서

1) 지속가능 경영의 정의와 요소

지속가능 경영(Corperate Sustainablity Management)은 지속가능한 성장과 기업의 사회적 책임이라는 두 가지 개념이 융합되어 발전한 콘셉트로, 대다수의 기업은 경제적 수익에만 집중하는 반면, "지속가능경영은 기업의 경제적 수익성과 사회적 책임과 환경적 책임 등의 가치를 함께 추구하는 새로운 경영 방식"이다. 즉, "조직의 지속가능한 발전을 위한 사회적 책임을 조직의 전략으로 나타난 경영형태이며 경제적 책임과 사회적 책임, 환경적 책임을 의미"하는 것이다. 나아가 기업은 지속가능경영의 실천을 통해 경쟁력을 제고할 수 있으므로 "지속가능경영은 방어적인 전략이 아닌 공격적인 경영전략"이라고 이해할 수 있다.

경제적 책임성(Economic Responsibility)

경제적 책임성은 수익성, 부가 가치 창출, 생산성 증대, 고용창출, 공정거래, 등의 관점에서 설명된다. 투자자본수익률(ROI), 총자산순이익률(ROA), 수익성장률 등 기업의 재무지표들은 기업의 경제적 책임활동에 긍정적인 영향을 미친다.

사회적 책임성(Socially Responsibility)

지속가능경영의 사회적 책임 개념은 "사회적으로 지속가능한 기업은 개별 파트너들의 인적자산을 증가시켜 공동체에 가치를 부가하고 사회적 자산을 더하는 것에 가치를 두며, 이해관계자들이 동기를 이해할 수 있고 회사의 가치시스템에 동의할 수 있는 방법으로 사회적 자산을 관리"하는 것으로, 사회적 책임은 "기업 활동으로부터 발생한 문제를 기업이 해결하는 것이며, 윤리적 관점에서 기업과 사회의 관계를 고찰"해야 한다.

환경적 책임성(Environmentally Responsibility)

지속가능경영의 환경적 건전성을 기업의 환경에 대한 입장을 검토하고 개선하기 위하여 방침이나 전략을 개발하고 시행함과 동시에 경영시스템을 개선하는 일련의 환경적 대응활동이다.

2) 지속가능 경영을 위한 비즈니스모델 혁신

지속가능경영을 위한 비즈니스 모델의 이해

경제적, 사회적 책임을 포함하는 지속가능 경영 비즈니스 모델은 거시적인 네트워크 안에서 가치를 생성하고 전달하고 점유하는 흐름에서 의미 있는 영역이다. 이는 지속가능성의 영역인 혁신 능력이 점진적 단계이든 급진적이고 파괴적인 것이든 비즈니스에 필요한 역량을 의미하기 때문에 그 역량이 가치의 흐름과 한 방향이어야 한다는 것을 강조하는 것이다. 비즈니스를 위한 지속가능한 가치 창출은 경제적 가치, 사회적 가치, 환경적 가치의 형태를 통합하는 지속가능한 가치를 포괄한다. 아담스미스의 '교환 가치'는 경제적 가치의 초석이었다. 경제적 가치는 '교환 가치'라는 렌즈를 통해서만 볼 수 없다. 심리적, 사회적, 환경적인 관점으로 가치를 넓혀야 한다. 비즈니스를 위한 지속가능한 가치 창출에 대해 경제적 가치 이외에 사회적 가치와 환경적 목표를 보다 총체적인 의미의 가치로 통합시키는 것으로 사회적 가치 창출은 사회적 기업가정신을 생성하는 주요한 동력이라 할 수 있다.

경제적 가치, 사회적 가치, 환경적 가치를 모두 아우른다는 것은 주주 (shareholder)가 기대하는 우선순위보다 모든 이해관계자의 니즈를 고려하고, 이해관계자(stakeholder)의 이익과도 맞추어 조화를 갖는다는 것이다. 요약하자면, 가치의 범위는 경제적 거래뿐 아니라 관계, 즉 이해관계자들 사이에서 일어난 변화와 상호작용과 가치흐름, 자연환경과 소위 말하는 이해관계자들 사이의 모든 가치 흐름을 파악하여 지속가능한 비즈니스모델을 혁신의 선에 같이 하는 것이다. 이러한 개념을 달성하기 위해서는 조직과 조직, 조직과 사회를 넘어 보다 통합된 사고가 필요하며, 역량, 이해관계자 관계, 지식관리, 리더십과 같은 비즈니스 관련 심층적인 국면의 이해가 필요하다. 또한 '가치'의 개념도 경제적 가치의 실현과 관련되어, 가치를 창조하고 전달하는 연동 요소(interlocking elements)에 이르기까지 이해관계자의 가치 등을 포함해야 하는 것이다.

3) 지속가능 경영과 가업승계

경영의 지속은 승계로 완성된다. 지속가능경영은 "기업의 경영활동과 직, 간접적으로 영향을 미치는 이해관계자에 바탕을 두는데, 주주 중심에서 다양한 이해관계자를 종합적으로 고려하는 관계자 중심 경영이 요구되고 있다"고 말할 수 있다. 그러므로 승계는 지속가능 경영과 긴밀히 연계되어 있다고 말할 수 있다.

　중소기업의 가족기업은 우리 경제뿐 아니라 세계적인 경제의 한 축을 차지하고 있다. 그래서 세대를 이어가는 승계의 성공적인 실현은 가업을 지속적으로 발전시키는 핵심이다. 세계적인 통계에서도 오직 16%만이 2세대로 성공적인 승계가 이루어진다고 한다. 산업의 역사 짧은 우리나라는 노령화 시대와 겹치면서 본격적인 가업승계가 이루어지고 있다. 특히 가족 간의 복잡한 이해관계가 얽혀있는 중소기업의 가업승계는 복잡한 의사결정을 요구한다. 회사의 특징, 상속 문제 등의 고려 없이는 승계의 유효성은 기대하기 어렵다. 또한 가족 관계의 역동이나 믿음 그리고 승계자와 후계자와의 약속 등을 간과해서는 안 되는 요소들이다. 특히 급변하는 경쟁 환경에서는 회사가 속한 산업의 환경에서 성장을 위해서 요구하는 역량이 가업승계에 따르는 전략과 계획 과정에서 가족기업이 운용하는 사업의 패턴과 한 방향으로 맞아야 하는 것이다.

06

지속 성장을 위한 가업승계 모듈

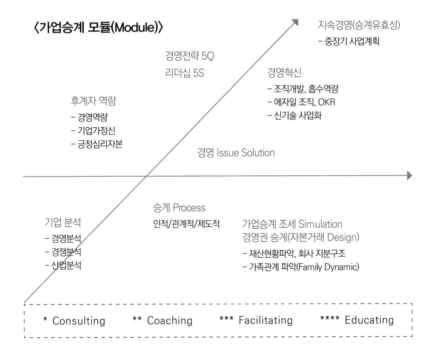

〈가업승계 모듈(Module)〉

지속경영(승계유효성)
– 중장기 사업계획

경영전략 5Q
리더십 5S

경영혁신
– 조직개발, 흡수역량
– 에자일 조직, OKR
– 신기술 사업화

후계자 역량
– 경영역량
– 기업가정신
– 긍정심리자본

경영 Issue Solution

기업 분석
– 경영분석
– 경쟁분석
– 산업분석

승계 Process
인적/관계적/제도적

가업승계 조세 Simulation
경영권 승계(자본거래 Design)
– 재산현황파악, 회사 지분구조
– 가족관계 파악(Family Dynamic)

* Consulting   ** Coaching   *** Facilitating   **** Educating

승계는 사랑의 결실이다

'사랑' 해야 한다.

사랑은 에너지를 만들고 그 에너지는 정신적 육체적인

재생산의 원동력이 되기 때문이다.

사랑의 신 에로스(Eros)는 풍요의 신 포로스(Poros)와

가난의 여신 페니아(Penia) 사이에서 태어났기에,

아름답지도 추하지도, 풍요롭지도 궁핍하지도,

지혜롭지도 무지하지도 않다. 그는 중간자이다.

그래서 에로스는 자신에게 없는 훌륭하고 아름다운 것을 갈망하고,

그뿐 아니라 불사(不死)를 추구한다.

그러니까 사랑은 자기가 없는 좋은 것을 영원히 소유하기를 바라기에

충족을 위해 아름다움이나 지혜를 낳고자 하는

지적인 형태를 취할 수도 있다고 말한다.

지적인 능력이 있는 사람이라면 정신적으로 잉태하여,

사랑이 추구하는 아름다움을

더 나은 아름다움으로 재생산할 수 있다는 것이다.

승계는 사랑으로 재생산을 완성하는 것이다.

9세대를 이어온 파버카스텔(Faber-Castell)

중요한 것은 한 세대에서 다음 세대로 전해지는 태도입니다. 스스로 연결고리를 여기며, 지나친 성장을 욕심내기 전에 회사가 오래도록 존속하는 방법을 먼저 생각해야 합니다.

– 고(故) 8대 안톤 볼프강 폰 파버카스텔 백작

〈세계 최초의 파버카스텔의 연필〉

파버카스텔은 1761년에 독일에서 설립된 '세계에서 가장 오래된 필기구 회사'이다. 아날로그의 대표주자이다. 종이가 없어지고 연필이 없어진다는 ICT 시대에 매출을 배가하고 있는 전통 산업이면서, 여전히 창업주 가족이 경영하고 있는 대표적인 가족경영 회사이다. 각 분야의 세계 시장을 지배하는 우량기업을 일컫는 '히든 챔피언'으로, 필기구 분야의 기술 집약형 경쟁력으로 매년 1조 원 이상의 매출을 거두며 14개국에 생산 공장, 23개국에 해외지사를 운영하며 120여 개 나라에 수출하고 있다.

"내가 쓰고 있는 이 연필은 딱 알맞은 굵기에 부드럽고 질이 좋아, 부드러운 나무를 사용하고 겉엔 짙은 녹색으로 칠했는데, 20센트야."

– 반 고흐가 친구에게 쓴 편지에서

이미 150년 전 빈센트 반 고흐에게 사랑 받았던 파버카스텔의 연필은 고흐의 드로잉 1,500점에 고스란히 남아 있다. 파버카스텔은 예술가들을 주요 소비자로 보고 그들과 교류하면서 그들의 니즈에 맞는 새로운 창작 도구를 만들었다. 제품혁신이 현재의 소비자들이 느낀 부족함에 대한 해결책을 제시하는 것이라는 것을 실행한 것이다.

"Doing Ordinary Things Extraordinary well."
평범한 일을 비범하게 하자.

파버카스텔은 연필의 표준을 만들어온 기업이다. 동그란 연필이 굴러가는 것을 방지하기 위해 육각 연필을 내놓은 것이 '카스텔9000'이다. 또 현재 연필 사용자들이 연필심의 진하기를 고를 때 보는 H, B 등의 표기 등급을 만든 것도 파버카스텔이다.

9대 가업승계를 잇는 카를레스 파버카스텔은 미국 컬럼비아대에서 MBA를 마친 뒤 미국 금융가와 독일 유통업계에서 근무했다. 다양한 경험을 쌓은 뒤 2014년 파버카스텔에 합류해 후계자 교육을 받았다. 스스로를 '회사의 연결고리'라고 생각하며, "리더는 바뀌어도 기업의 철학은 변함없다는 게 가족경영의 자부심이자 장점"이라며 "전통과 품질은 꾸준히 유지하되 크고 작은 혁신을 추구하기 위해 노력하고 있다"고 말하고 있다. 1800년대 중반, 4대 회장 로타 본 파버는 세계 최초의 건강보험을 고안했으며 독일 최초의 간호학교를 세우기도 했다. 세계 최초로 사원기숙사 및 사내 유치원도 만들어 운용하였다.

파버카스텔이 추구하는 가치는 '삶의 동반자'라고 한다. "오래 가는 회사가 되려면 직원들의 복지와 사회적 책임에 아낌없이 투자해야 한다."고 강조한다. 파버카스텔은 30여 년 전부터 브라질 남동부에 해마다 2만 그루의 나무를 심어 연간 18억 개 이상의 연필 제조에 필요한 목재를 충당하고 있다. 세상이 바뀌어도 변함없는 가치를 유지하며 아날로그와 디

지털의 가교 역할을 하고 있는 가족기업 파버카스텔의 행보에서 지속가

능 경영, 후계의 자리를 본다.

창업은 위대하고, 수성은 창업보다 어렵다

산업의 성장을 이끌어온 창업자의 퇴진이 가시화되고 있는 '지금은 후계의 시대'이다. 역사에서도 볼 수 있듯이 승계 이후 왕조의 명암이 엇갈리는 것을 쉽게 발견할 수 있다. 특히 기업의 승계과정에서는 지배구조의 변화가 따르기 때문에 그 진폭의 폭이 더 큰 것을 여러 사례에서 찾을 수 있다.

창업(創業)이라는 말의 최초의 출전은 『맹자』이다. 전국시대 등나라 문공과 대화를 하는 중에 맹자는 "군자는 창업하여 계통을 이어갈 수 있지만, 성공은 하늘에 달려 있다."라고 말하는데, 이때 창업(創業)이란 나라를 처음 세우는 일을 말한다. 오늘날 창업(創業)이라는 말은 새 나라를 세우는 것보다는 사업을 새로 시작하는 것으로 더 많이 사용되고 있다. 하지만, 창업과 수성과 관련하여 그 본질적인 내용은 달라지지 않았다.

창업(創業) · 수성(守城) · 경장(更張;개혁)의 도는 일찍이 중국 역사상 최고의 성군으로 일컬어지는 당태종의 언행을 기록한 정관정요에도 잘 기록돼 있다. 정관정요에 실린 내용 가운데는 당태종 이세민이 신하들에게 나라를 창업하는 것이 더 어려운가 아니면 수성이 더 어려운가를 질문한 대목이 있다. 당태종의 질문에 천하를 평정하기까지 황제와 함께 온갖 고초를 겪은 방현령은 '창업'이 더 어렵다고 했고, 개국 후 나라의 안정을 도모하며 국가의 위기를 염려해온 위징은 '수성'이 더 어렵다고 했다. 이에 대해 당태종은 두 사람의 주장이 다 이해되고 일리가 있다며, 현재 창업의 어려움은 이미 지나간 과거의 일이 되었지만 수성의 어려움은 앞으로 계속해서 여러 신하들과 함께 신중하게 처리해야 할 일이라고 답했다. 이 논쟁에서 우리가 주목해야 할 것은 창업이 더 어려운가 수성이 더 어려운가의 문제가 아니라 당태종이 내린 결론, 즉 수성의 어려움은 현재 진행되는 과제이기 때문에 더욱 신중하고 신중하게 처리해야 한다는 사실이다.

그러나 수성보다 더 어려운 것은 경장(更張)이라고 할 수 있다. 조선시대 대유학자 이율곡 선생은 그의 저서 성학집요에서 국가와 기업의 생존과 번영을 위한 창업 · 수성 · 경장의 도(道)를 밝히고 있다. 그리고 이러한 경영철학을 국가백년대계를 위해 실천해보고자 조선시대 임진왜란이 끝난 후 당시 임금 선조에게 경장을 강력히 건의했다. 주요 건의 내용은 다름 아닌 조선이 7년 전쟁을 치르면서 국가는 피폐하고 민생이 도탄에 빠진 상황에서 다시는 외적의 침입이 없는 부강한 나라를 만들기 위해서는 보다 혁신적인 경장을 통해 부국강병책을 국가의 최우선 정책으로 펼쳐나갈 것을 강력히 건의했던 것이다. 군사 10만 양병설도 이때에 나온 것이다. 그러나 그 건의는 받아들여지지 않았고, 결국 조선왕조는 훗날 부정부패가 만연한 체제부패로 인해 쇠락과 멸망의 길을 걷게 됐다.

기업과 제국들의 흥망성쇠 역사가 우리에게 주는 교훈은 성공은 자만을 낳고 외부 환경에 둔감해지기 쉽다는 것이다. 창업 후 성공했다 하더라도 수성과 경장(혁신)을 소홀히 하면 국가와 기업은 지속적인 발전과 번영을 꾀할 수 없다는 사실이 여실히 증명되고 있는 것이다. 수성기란 '창업(創業)-수성(守成)-경장(更張)-쇠퇴(衰退)'라는 동양사상의 체계순환론에서 두 번째 단계로 혁명과 창업이라는 어수선한 시기를 지나 정치 및 사회 운영 메커니즘이 안정화되고 제도화되어가는 시기를 뜻한다. 이 시기에 수성, 혁신하여야 하는 후계자의 역할은 절대적이다.

주나라를 창업한 무왕은 몰락한 은나라의 기자를 찾아가 물었다.
"나라를 어떻게 다스려야 합니까?"
은나라의 충신 기자가 주나라 무왕에게 답했다.
"검소, 욕심을 부리지 말고, 신의를 얻어야 한다."

후계자에게 주어진 수성과 혁신의 길

후계자의 첫 번째 길은 포용의 리더십이다. 이는 '그칠 줄 아는 태도'에 있다. 지나치지도, 경직되지도 않은, 즉 나아가되 적절한 시점에서 머물러 그저 물처럼 공기처럼 존재감만 느끼게 할 수 있는 그러한 리더이다.

두 번째는 후계자가 조직에 지속적인 생명력을 불어넣어야 하는데, 하위체계 간의 내적 일관성을 유지하는 것, 내부적 긴장을 처리하는 문제해결중심, 그리고 구성원들의 가치와 내적, 외적 동기(motivation)를 활성화하는 일이다.

후계자의 세 번째 목표는 '제도화'다. 누가 그 자리에 있더라도 조직이 원활하게 돌아갈 수 있는 것이다. 이때 중요한 것은 구성원들 스스로 그 원칙과 절차의 가치를 인정하고 타당한 것으로 받아들이게 하는 것이다. 여기에는 강제와 위압이 아닌 토론과 비전을 통한 조직 운영이 필요하다. 한마디로 이는 '시스템(system)'에 의해 조직이 돌아가도록 하는 것이다.

네 번째 목표는, 인재를 기르고 고르게 사용하는 일이다. 창업기의 인재로는 '동지'가 필요한 반면, 수성기의 인재로는 '가능한 이질적인 사람들'이 필요하다. 동시에 인재를 양성하는 데도 힘써야 한다. 학습조직을 만들고 스스로 참여하여 학습과 성장이 조직문화가 되도록 힘써야 한다.

舜有臣五人而天下治　武王曰 予有亂臣十人

孔子曰 才難 不其然乎

순임금은 다섯 명의 신하와 함께 천하를 다스렸다.

주나라 무왕은 "내겐 천하를 잘 다스리는 10명의 신하가 있다"고 했다.

공자께서 말씀하셨다.

"인재를 얻는 것이 힘들다 하는데, 정말 그러하지 않은가?"

– 『논어』「태백」

세상의 변화는 물을 거슬러 올라가는 배와 같아서 앞으로 나가지 못하면 떠내려가는 배와 같다고 할 수 있다. 달리는 배에 현상 유지는 없는 것이다. 기업을 경영하는 후계자는 모든 임직원과 어깨를 나란히 하여 조직에서 일어나는 다양한 갈등을 신속히 해결하면서 끊임없는 경장, 즉 혁신을 통해 지속적인 발전과 번영을 도모해야 지속 성장 가능한 기업을 만들 수 있는 것이다.

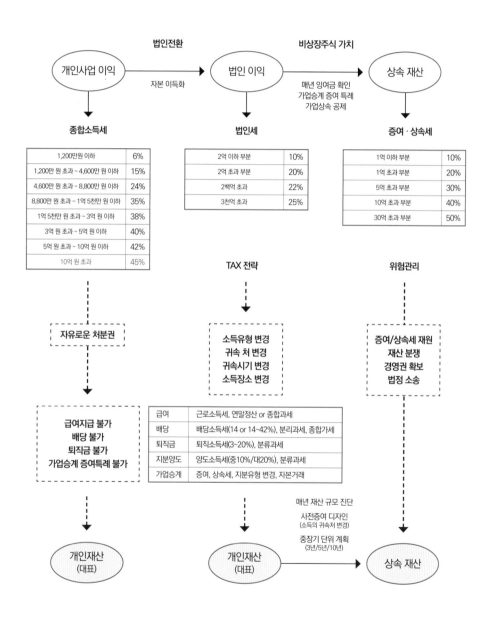

가업승계 증여특례 절세효과

중소기업 증여특례란 승계자의 생전에 후계자에게 가업을 원활히 승계하기 위하여 주식에 한하여(법인만 가능) 주식가치로 평가하여 5억 원까지 증여세를 면제하고, 100억 한도 내에서 30억까지는 10%, 30억 ~100억은 20%의 세율로 적용해 세금을 납부하고 상속자의 사후 상속세 계산 시 합산하는 제도이다. 이때 주식 가액의 상승분은 고려하지 않으며, 상속세 계산 시 사전에 납부한 증여세는 공제하게 된다.

가업승계 증여특례 관련한 질의 (2022년 2월)

1. 가업승계 사전증여 관련 사후관리가 현 7년인데 그전에 사후관리 10년 때 하던 사람도 소급적용이 가능한지요?
2. 가업승계 사전증여 후 공동대표 또는 각자대표 체제도 괜찮은지요?

중소기업중앙회 가업승계지원센터 최가람입니다.
문의하신 내용에 답변 드립니다.(2022년 2월)

1. 가업승계 증여세 과세특례 제도는 2014년 12월 말 사후관리 기간이 10년에서 7년으로 축소되었습니다. 다만 당시 개정 시 부칙에 '제62조(가

업의 승계에 대한 증여세 과세특례의 사후관리에 관한 경과조치) 이 법 시행 전에 가업을 승계한 자로서 이 법 시행 당시 종전의 규정에 따라 증여세를 부과 받았거나 부과 받아야 할 자에 대해서는 제30조의6제2항 각 호 외의 부분 전단의 개정규정에도 불구하고 종전의 규정에 따른다.' 라고 되어 있으므로, 소급적용이 불가할 것으로 사료됩니다.

2. 또한 관련 가업승계 증여세 과세특례를 받은 이후 5년 이내 대표자 취임요건과 관련해서는 관련 예규판례에 공동대표이사 또는 각자대표이사에 취임하는 경우에도 적용된다고 해석되어 있습니다. 참고하시기 바랍니다.

증여특례 조세효과

1. 현 시점에서의 증여특례 조세 효과

증여특례와 일반증여 증여세 차이 계산 (단위: 백만원)

승계자 재산 평가액	10,000		절세 전략 (증여특례)	
사업용 자산 비율	80.0%			
증여 구분	일반증여	(a) + (b)	증여특례 (a)	일반증여 (b)
증여재산가액	10,000	10,000	8,000	2,000
증여공제	50	550	500	50
과세표준	10,000	9,450	7,500	1,950
산출세액	4,543	1,788	1,150	638
차이금액	2,745		0	

* 가업승계증여 특례(회사 주식 가치)로 증여
* 사업용 자산은 80%로 가정
* 기존에 증여는 없었던 것으로 가정함.

최초 증여특례를 활용하여 절세 효과는 2,745백만 원임.

2. 10년 후 회사 가치 3배로 상승 했을 경우 조세 효과

앞의 표에서 증여특례를 시행한 당해 연도의 조세절감 효과는 2,735백만 원이다. 그러나 기업이 지속 성장을 하게 되면 10년 안에 최소한 3배의 기업 가치로 그 가치가 상승하게 된다. 증여특례의 가장 장점은 최초에 증여한 금액에 상당하는 기업 가치(주식 수량)는 기업 가치가 상승하였다 하더라도 최초의 증여가액으로 고정된다는 것이다. 다음 페이지의 표는 10년 후 상속 시를 가정하여 과세표준과 납부세액을 계산한 표이다.

10년 후 3배 가치 증가 시 차이 분석

10년 후 세액 계산	현재		10년 후 상속 시 (회사가치 3배 증가)		
	일반증여	증여특례적용			
승계자 재산평가액	10,000		30,000		
사업용 자산 비율	80.0%		특례적용 시		특례적용 X
증여 구분	일반증여	(a) + (b)	증여특례 (a)	일반증여 (b)	일반증여
증여(상속)재산가액	10,000	10,000	24,000	6,000	30,000
증여(상속)공제	50	550		50	700
과세표준	9,950	9,450		5,950	29,300
산출세액	4,533	1,788	기납부	2,531	14,208
기납부 증여세액			1,788		0
10년 후 납부세액			2,531		14,208

 * 10년 후 회사가치 3배 증가 가정 시 특례 적용과 특례적용 안할 시의 납부 세액 차이는 (2,531+1,788) – 14,208 = 9,889백만 원임.

 증여특례 후 10년 후 3배의 기업가치가 증가했다는 가정 시 조세 효과는 11,677백만 원임.

명의신탁 주식 전환 절차와 그에 따른 대응방안   (사례 : 명의신탁자, 갑, 을, 병)

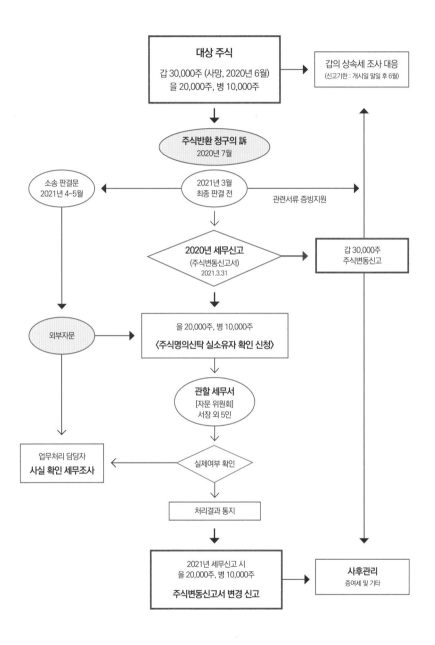

승계는
후계자를 통해

지속 성장 가능하게
하는 것이다.

승계는 단지 세제의 지원만으로
완성되는 것은 아니다.

창업을 이룬 기업가정신,
후계자의 경영 역량과 리더십 등

숫자에 가려진 승계요소에도
프레임을 제시하여야 한다.

후계자에게 주어진

기업환경에 맞는 경험과

역량을 갖추도록 하고

지속 성장할 수 있는

적절한 멘토링을 해줄 수 있다면

스스로 기업을 이끌어 가업을 오래도록

이어갈 수 있을 것이다.